Taal
STUK
ken

Van René Appel verscheen eveneens
bij Ambo|Anthos *uitgevers*

De derde persoon
Geweten
Loverboy
Schone handen
Weerzin
Hittegolf
Van twee kanten
Goede vrienden
Omnibus: De derde persoon, Zinloos geweld, Schone handen
Spanning & Retourtje Hato
De advocaat
De kortste nacht
Verzwegen
Joyride & andere spannende verhalen
Dansen in het donker
Amsterdam noir (samengesteld door René Appel & Josh Pachter)
Overschot

Taalstukken

René Appel

Alles over het Nederlands van nu

Ambo|Anthos
Amsterdam

MIX
Papier van verantwoorde herkomst
FSC® C004472

ISBN 978 90 263 5776 3

Omslagontwerp Roald Triebels, Amsterdam
Foto auteur © Bart Kool

Verspreiding voor België:
Veen Bosch & Keuning uitgevers nv, Antwerpen

Voor Anne Coos

Inhoud

‘Als we kijken, dan zien we...’

Omslachtig taalgebruik

Minister voor Medische Zorg en Sport Tamara van Ark krijgt in december 2020 de volgende vraag voorgelegd: ‘Als we nu al de reguliere zorg moeten afschalen, hoe groot is dan de kans dat dat ook voor de andere zorg gaat gebeuren?’ Even tussendoor: er is in Nederland nog nooit zoveel op- en afgeschaald als in de coronaperiode. Maar goed, dit was het antwoord van de minister:

> Wat we nu zien met de maatregelen van de lockdown die we genomen hebben en het perspectief wat we dan hebben op hoge besmettingscijfers maar daarna hopelijk verlichting en dat die dan door gaat werken in de ziekenhuizen en de intensive care, dan zien we dat we wel een aantal weken bezig zijn voordat we ook daar de piek hebben bereikt.

Zeer omslachtig en ook tamelijk onbegrijpelijk is de reactie van de minister. Ze had haar antwoord uiteraard moeten beginnen met iets als ‘De kans dat ook de spoedeisende zorg moet worden afgeschaald is groot, want... enzovoort’, maar ze opent met ‘Wat we nu zien...’ Net als veel andere taalgebruikers begint Van Ark graag met zo’n meestal volstrekt overbodige en slechts voor complexiteit zorgende frase. In hetzelfde interview zegt ze ook: 'We zien toch met elkaar dat het aantal besmettingen enorm is toegenomen.' Waarom niet veel simpeler? 'Het aantal besmettingen is enorm toegenomen.' Of de coronacrisis per definitie leidt tot omslachtig taalgebruik is niet waarschijnlijk, maar ook Diederik Gommers, voorzitter van de Nederlandse Vereniging van ic's, maakt zich er nogal eens schuldig aan. Hij is vaak te gast bij praatprogramma's, zeker in het begin van de pandemie. Zo zegt hij een keer: 'Ik denk dat we zien dat we voor het eerst aan het dalen zijn.' 'Ik denk...' en 'we zien...' zijn volstrekt overbodig. 'De besmettingscijfers zijn voor het eerst aan het dalen.' Dat was de 'kale' boodschap die hij over wilde brengen.

Naast de constructie met 'we zien...' of 'zien we...' komen ook 'je ziet...' en 'zie je...' veelvuldig voor. In het tv-journaal gaat het over de btw over groente en fruit, die volgens sommigen veel lager moet of zelfs zou moeten verdwijnen. VVD-kamerlid Rudmer Heerema geeft commentaar: 'Op dit moment zie je al dat groente en fruit in de winkel, bijvoorbeeld een appel, goedkoper is dan een Marsreep.' Waarschijnlijk is Heerema de enige die dit heeft waargenomen, maar toch generaliseert hij dat via 'zie je...'. Nog een voorbeeld uit een ander 'corona-interview': 'Je ziet ook dat de opkomst van de mensen die zich konden laten vaccineren lager is geworden.'

Het kan allemaal nog veel omslachtiger. In een gesprek in een praatprogramma antwoordt advocaat Gerald Roethof op een vraag over een zogenaamde kluisverklaring die zijn cliënt heeft afgelegd: 'Laat het me zo zeggen. Waar het om gaat is dit. Wat je heel vaak ziet gebeuren tegenwoordig, het zwijgrecht staat onder druk.' Het simpele antwoord zou uiteraard zijn geweest: 'Tegenwoordig staat het zwijgrecht onder druk.' Maar Roethof heeft drie overbodige en dus omslachtige zinnetjes nodig voor hij tot de kern van zijn antwoord komt.

Populair zijn ook constructies met 'We weten...', vaak gebruikt door wetenschappers, dus ook door virologen, zoals Marion Koopmans. Haar werd het volgende gevraagd over de zogeheten Britse variant van het coronavirus: 'Elf gevallen weten we nu (in Nederland, RA). Valt het nou mee of is dit alleen maar het topje van de ijsberg, denkt u?' Dan luidt het antwoord:

> Wat we in ieder geval weten, is dat zien we in de hele wereld, dat waar daar nu gezocht wordt... Eh, dat deze variant gevonden wordt, vaak is dat bij mensen die uit Engeland komen of contacten daarvan, dus dat is te verwachten en een enkel geval zoals we dat in Rotterdam nu zien, zie je ook dat er wat verspreiding is en dat is waar we nu wel op bedacht zijn.

Koopmans begint dus niet eens met 'We weten dat...', maar maakt het nog moeilijker voor zichzelf door te beginnen met 'Wat we in ieder geval weten, is dat...' Dan moet ze wel volgen met een bijzin. Om alles nog gecompliceerder te maken voegt ze ook nog twee keer 'we zien' toe. Aan het eind weten tv-kijkers nog niet echt waar ze aan toe zijn. Was er nu wel of niet sprake van een topje van de ijsberg? Misschien kon Koopmans geen eenduidig antwoord geven op die vraag, en zocht ze daarom haar redding in dit verbale wangedrocht. Een ontwijkende politicus had het haar niet kunnen verbeteren.

Aura Timen van het RIVM was tijdens de coronacrisis ook vaak op de televisie. Als haar wordt gevraagd naar de verwachte toename van besmettingen in verband met de dreigende mutaties van het coronavirus, zoals de 'Britse variant,' reageert ze als volgt:

> Wat we wel zien is dat de komende weken kunnen we niet met een enorme precisie zeggen of dat begin maart is of eind februari of medio maart, maar in ieder geval de komende weken verwachten we een toename in het aantal meldingen die ook zal doorzetten in het aantal opnames in het ziekenhuis, maar ook op de ic.

Waarom begint Timen haar antwoord niet simpelweg met de verwachting uit te spreken dat het aantal meldingen zal toenemen, enzovoort? Ze maakt het zichzelf moeilijk. Er is misschien maar één excuus voor haar beginfrase, namelijk dat het als een automatisme functioneert, iets betekenisloos waarmee je als spreker altijd kunt beginnen, zodat je nog even tijd hebt om na te denken hoe je verder wilt antwoorden.

Viroloog Ab Osterhaus, ja, alweer iemand uit de (op politici na) meest geciteerde beroepsgroep in 2020 en 2021, is ook een liefhebber van constructies met 'kijken' of 'zien', zoals in: 'Als je kijkt hoe we het doen ten opzichte van België, dan hebben wij dat (de tuincentra, RA) nog steeds open.' En in: 'In de zestiger jaren werden er per jaar niet meer dan tien-, twintigduizend gevallen van ernstige knokkelkoortsinfecties gemeld en we zien dus nu in de afgelopen jaren dat het er al meer dan een miljoen per jaar geworden zijn.' Radiopresentator Sven Kockelman zegt niet: 'Bij de Oosterburen hebben ze het alweer over een absolute lockdown', maar: 'Als je kijkt naar de Oosterburen, daar hebben ze het alweer over een absolute lockdown.' Minister van Landbouw Carola Schouten zegt niet: 'Er melden zich op dit moment voldoende bedrijven (om zich te laten uitkopen, RA)', maar: 'Op dit moment zien we dat voldoende bedrijven zich melden.' Columnist Rosanne Hertzberger schrijft niet: 'De huidige vaccinmarkt is in handen van vier grote spelers', maar: 'We zien dat de huidige vaccinmarkt in handen is van vier grote spelers.'

Als je kijkt dan zie je over het algemeen iets, dat leidt dus vaak tot constructies waarin beide werkwoorden voorkomen, zoals in het volgende citaat, opgetekend uit de mond van minister van VWS Hugo de Jonge, die ook nog eens een (overbodig) synoniem van 'tien jaar' geeft: 'Als je kijkt naar wat er de komende tien jaar op ons afkomt, het komende decennium, dan zie je dat migratie ongelooflijk toeneemt.' Waarom niet veel simpeler? Bijvoorbeeld: 'De komende tien jaar zal migratie ongelooflijk toenemen.'

Weermannen en weervrouwen op de televisie kijken veel en zien ook van alles, bijvoorbeeld Marc Verhoef: 'Kijken we naar de radarbeelden dan kunnen we zien wat er nu gaande is en dan zien we dat er her en der over het land nog wat neerslag valt.' Ook collega Willemijn Hoebert is een liefhebber van de kijken-zien-combinatie (of 'kijken-zien-combi' om het wat moderner te formuleren): 'Als we kijken naar het radarbeeld dan zien we daar wat neerslag op,' en: 'Als we verder kijken naar morgen dan zien we morgen ook af en toe wat sneeuwvlokjes vallen.' Daar was geen speld tussen te krijgen. Iedereen die keek, kon het zien.

‘Oh, mijn God, dat is echt superchill.’

De taal van vlogsters

‘Goedemorgen, het is zaterdag en het is nu kwart over negen. Ik heb me even aangekleed. Ik heb een trui aan van (merknaam) en dat is van een winkel in Rotterdam van (naam) en ze hebben een eigen label en op de achterkant hierop zie je zo (merknaam). Ik vind het heel vet en ik heb gister een superleuke legging binnengekregen van (merknaam). Dat is deze. Ik heb niet m’n make-up opgedaan want ik heb vandaag een shoot samen met Anna. Wordt superleuk. Maar ik moet nu uit huis. Het regent. Kutweer.’

Dit zijn de openingszinnen van een nieuwe vlog van een van de bekendste vlogsters van Nederland, Monica Geuze. Een collega begint met: ‘Hi guys, super gedoucht, kijk naar een nieuwe video en ik heb weer een video die jullie altijd erg leuk vinden, dus daar zijn we weer.’ Een ander begint simpel met: ‘Hoi, welkom in de nieuwe week.’ Weer een ander: ‘Goeiemorgen, het is maandag en ik eet de overgebleven pannenkoeken van gisteren. Ik vind dat zo chill.’

Afgezien van andere kenmerken, valt het gebruik van *super* op. In de wereld van vlogsters is er ontzettend veel *super*: ze zijn *superexcited*, *superblij*, *superenthousiast* of *superbenieuwd*; dingen zijn *superfijn* en vooral ontzettend vaak *superleuk* – het woordje *leuk* wordt zeer frequent gebruikt. Soms zijn dingen ook *mega*, en vlogsters kunnen dus *megabenieuwd* zijn, het gaat *megasnel* of iemand moet *mega* nodig tanken. *Mega* komt ook voor in *mega-unboxing*; het uitpakken van spullen of cadeautjes voor influencers heet in die wereld *unboxen* en als er dus heel veel moet of mag worden uitgepakt, is dat een kwestie van *mega unboxen*.

Naast *super* en *mega* is het woordje *zo* een andere 'versterker': 'Die jas zit zó chill', 'Ik heb een jas van (merknaam) aan, zó leuk', 'Ik hoop zó dat het lekker is', 'Ik hou er zó van dat dit soort grote merken met veganistische producten komen.' Dat gebruik van *zó* is geleend van het Engels. Vlogsters vinden vooral kleren ook vaak *so nice* en op foto's zijn kleine kinderen of poedeltjes *so cute*!. Inderdaad met een uitroepteken, want met zo'n uitroepteken worden dergelijke frases ook uitgesproken. *Super*, *mega* en *zó* lijken traditionele versterkende bijwoorden als *ontzettend*, *geweldig* of *verschrikkelijk* vrijwel volledig te hebben verdrongen in de vlogstertaal.

Engels

Hierboven komen al veel Engelse woorden voor en dat is geen toeval: in het algemeen is de taal van vlogsters doorspekt met Engels. Hier een kleine greep uit het aanbod, eerst de losse woorden:

- Dat is ook een beetje pathetic.
- Zeg maar, het lijkt me heel awkward om zomaar beelden te gaan schieten of whatever.

- Dit is super awkward. ('Awkward' is heel populair; het Nederlandse equivalent 'ongemakkelijk' hoor je nooit.)
- Het is nu halfzes, waar the fuck kan je eten?
- Het is kwart voor zes, fucking lekker.
- Ik moet nog focking veel doen.
- Ik heb mijn oude camera terug en daarom is dit beeld crappy as fuck.
- Mensen vinden het gewoon leuk om in iemands leven te creepen.

- Echt niet normaal, ik ben zo satisfied nu.
- Ik had een slechte ochtend, maar ik merk nu na de video dat ik helemaal chill ben. (*Chill* wordt veel gebruikt, en het kan veel betekenissen hebben, onder andere: lekker, gezellig, leuk. Daarnaast kun je ook 'lekker chillen op het strand', dus je lekker ontspannen op het strand. *Chill* heeft andere varianten uit de Nederlandse jongeren- of straattaal bijna volledig verdrongen, dus hoor je nog maar zelden uit de mond van vlogsters een woord als *vet* en *cool*. Traditionele synoniemen zoals *te gek* en *gaaf* komen in het geheel niet voor in de taal van vlogsters.)
- Oh, nice, dit! (*Nice* is de laatste jaren, net als *cute* zeer populair geworden, vooral onder jonge vrouwen.)
- Doe 's normaal, man, idiot!
- Holy Moly (als uitroep van verbazing).
- Kijk, hoe pretty dit is, wat Yoko heeft gedaan.
- (Over pizza.) Het blijft deeg, tomatensaus en eigenlijk basically gegrilde groente erop.
- Dit is echt de mooiste aankoop die ik mijn hele leven heb gehad. Period.
- Het is gewoon weird.
- Nou, dit is mijn everyday look.

Soms worden er ook hele zinnen of frases overgenomen uit het Engels:

- It's my lucky day.
- Okay, ready for the diary?
- (Ik ben zo benieuwd wat ze bedacht hebben.) I wanna know.
- We gaan gewoon de foto plaatsen, dus let's do it.
- Good morning, film. I got a new camera.
- Ik ben de hele week al vroeg op. I am done.

Opvallend is dat er weliswaar veel Engels wordt gebruikt, maar dat de uitdrukking 'Oh, my God' uit het Amerikaans-Engels vaak wordt vernederlandst tot 'Oh, mijn God': 'Oh, kijk nou, oh, mijn God', 'Oh, mijn God, heb je deze al gezien?'

De toon en de woorden

Vlogsters praten nogal eens op een enigszins gekwelde toon, alsof het maar verschrikkelijk is al dat vloggen, al dat uitpakken van cadeautjes, al die zelf gezochte aandacht. Daarom praten ze af en toe ook op een slepende manier (en dat verschilt aanzienlijk van meeslepend), waarbij vooral de laatste lettergreep van een zin lang en lijzig wordt aangehouden, zoals in: 'Vandaag is het dinsdááááǵ', 'Ik heb er geen zin in. Ik weet niet waarom ik dit zèèèèg, maar het is wel tijijijijd.'

Veelgebruikte woorden zijn *hilarisch* en *bizar*: 'Dit is hilarisch', 'Het was gewoon bizar'. Als er iets kapot valt, zegt een vlogster: 'Ik word helemaal gek!' Al die extreme woorden of extreme gevoelens worden vaak gecompenseerd met het woordje 'gewoon':

- Toeristen in Amsterdam, ga niet fucking fietsen, het is gewoon gevaarlijk.
- Ik ben er gewoon superenthousiast over.
- Toen dachten we hoe cool zou het zijn als we gewoon een soort van zoenend op de cover zouden staan.

Een populair woord onder vlogsters is ook *echt*, alsof ze impliciet duidelijk willen maken, dat ze niet in een namaakwereld leven waarin het vooral gaat om het tegen betaling aanprijzen van verschillende producten, en dat ze menen wat ze zeggen. (En dat ze echt menen wat ze zeggen; zo zouden ze het zelf vermoedelijk formuleren.) Een kleine selectie:

- Ik vind deze echt zo chill, ik ben echt zo blij met deze aankoop, beste aankoop ooit (die natuurlijk wordt vergoed, RA).
- Echt niet normaal, ik ben zo satisfied nu. Ik ben echt ontzettend blij.
- En nu ben ik echt megabenieuwd naar die laatste.
- Het was echt fantastisch, het was echt een van mijn lievelingsshoots.
- Ik heb gewoon echt zin in een lekker broodje.

Vaak *gewoon* en *echt* in een wereld die voor veel mensen tamelijk ongewoon en onecht aandoet.

‘En nu opzouten! Marjon wees haar man de deur.’

Opzouten, opsodemieteren, enzovoort

In Tommy Wieringa’s boekje over de relatie tot zijn moeder *Totdat het voorbij is* staat de volgende zin: ‘Daarbij kwam, denk ik, dat ze me tijdens de les niet kon terechtwijzen omdat er anderen bij waren, zodat ze haar machteloze woede tot ’s avonds had moeten opzouten.’ *Opzouten*, in de hier gebruikte betekenis – ‘opkroppen (van gevoelens)’ – kom je niet vaak meer tegen, evenmin in de oorspronkelijke, letterlijke betekenis, ‘in het zout leggen, om etenswaren voor bederf te bewaren’.

Tegenwoordig wordt *opzouten* vooral gebruikt in de betekenis ‘wegwezen’ en dan ook nog in de gebiedende wijs: *Opzouten!* Een kop in *De Telegraaf* luidde: ‘En nu opzouten! Marjon wees haar man de deur.’ In augustus 2020 hingen boze boeren van de Farmers Defence Force spandoeken op, gericht tegen Carola Schouten, minister van Landbouw: ‘Schouten Opzouten’.

Het *Woordenboek der Nederlandsche Taal* vermeldt in 1904 deze relatief nieuwe betekenis nog niet. Hoe zou die zijn ontstaan? Alleen via een ingewikkelde redenering is die te herleiden tot ‘in het zout leggen’, zoals: wanneer je dat gedaan hebt, kun je weggaan, want het eten blijft goed. Volgens een andere verklaring is *opzouten* afgeleid van *absoute*, het rituele afscheid van een overledene bij een rooms-katholieke uitvaartmis. Misschien klopt dit, maar het lijkt vooral een ernstig en mogelijk ongepast profaan gebruik van een begrip uit de katholieke liturgie.

Opzouten ('in het zout leggen', 'opkroppen') is een overgankelijk werkwoord. Voor de leek: een werkwoord waar een lijdend voorwerp bij hoort, zoals bij *opzouten*: *vlees* of *ergernis*, terwijl het in de betekenis van 'wegwezen' juist *on*overgankelijk is; er kan nooit een lijdend voorwerp bij. 'Marjon zoutte haar vriend op' in de betekenis 'Marjon wees haar vriend de deur' is onmogelijk. Dat maakt het nog minder waarschijnlijk dat het nieuwe *opzouten* is afgeleid van het oude.

Opvallend aan *opzouten* ('wegwezen') is verder nog dat het vrijwel alleen voorkomt als heel werkwoord, terwijl in andere betekenissen de twee delen wel gescheiden kunnen worden, bijvoorbeeld in 'Al haar rancune zoutte ze jarenlang op' en 'Na eerst de boontjes te hebben gedopt, zoutte hij het vlees op'. Veel mensen zal 'Zout nou eindelijk eens op!' of 'Na lang aandringen zoutte hij ten slotte op', vreemd in de oren klinken.

Hoe het ook zij, *opzouten* heeft zich een plaats verworven in het rijtje *opsodemieteren, oprotten, oplazeren, ophoepelen, opflikkeren, opkramen* (Vlaams), *opduvelen* en *opdonderen*, waar recentelijk *optiefen* nog aan is toegevoegd. Verder heeft de taalgebruiker uiteraard ook *wegwezen* tot zijn beschikking en sinds enige tijd de leenwoorden *moven* en *fuck off*, alsof het Nederlands onvoldoende mogelijkheden biedt. En in Amsterdam, maar ook elders, kun je nog altijd uitroepen: '*Wieberen, jij!*'

‘Met de kids is alles kits.’

Nederengels

Hij vond het leven op het booreiland ontzettend boring.

Het schijnt dat hij steeds loopt te shinen met zijn nieuwe vriendin.

Met die gladde boots ging hij onderuit op het dek van de boot.

Tsjilpende mussen vindt ze om een of andere reden ontzettend chill.

De culinaire site met onder meer het exclusieve gehaktrecept werd gehackt.

Ze boomden nog een tijd door over de booming economie.

Tussendoor dropte ze toen wel dat ze drop enorm vies vond.

De uitgever was niet content met de geleverde content.

Globaal waren ze het wel eens over ontwikkelingen in de globale economie.

Grote stapels van het magazine waren blijven liggen in het magazijn.

De policy ten aanzien van de reorganisatie van de politie is sterk gewijzigd.

De commercial die dat reclamebureau heeft gemaakt, is absoluut niet commercieel genoeg.

Ik vond het te link om die link aan te klikken.

Toen hij single was, draaide hij nog vaak EP’s en singles.

Als je maar steeds goodbye blijft zeggen, ben je niet goed bij je hoofd.

Voor de executie van dat plan zou je in China worden geëxecuteerd.

Van zijn superieuren mocht hij het gewraakte bestand niet deleten; die lieten dat niet toe.

Het bedrijf dat gespecialiseerd was in branding van nieuwe producten werd door brand verwoest.

Ik breek met de gewoonte om halverwege een break in te lassen.

Ze adresseerde het probleem dat we voor die zending nog niet over alle adressen beschikten.

Hiphopfans hebben veel trek in de nieuwe track van Typhoon.

Met de kids is alles kits.

Hij vond de doop van zijn kleine nichtje absoluut niet dope.

What the heck, vroeger kon je hier zo binnen lopen en nu staat er een hek!

Die post op Facebook heeft hij uitgeprint en toen per post naar zijn ouders gestuurd.

Dat zijn zoon dat schimmige handeltje had opgezet, kon hij niet handelen.

In zijn man cave zat hij Keefman van Jan Arends te lezen.

De poging om deze kleine zaal coronaproof te maken, gold als een proef voor andere zalen.

Het is een serieuze man dus hij zal geen serieus geld betaald hebben voor dat grappige schilderijtje.

Hij was bepaald niet outspoken over het feit dat ze tijdens die nachtelijke tocht wel het een en ander wilden uitspoken.

Ze stelde twee mogelijke data voor waarop de verzamelde data over de besmettingen absoluut moesten zijn verwerkt.

‘Vuile leugenaar!’ ‘Jíj ben een vuile leugenaar!’

Ruzies voor De Rijdende Rechter

Twee buren, een man en een vrouw, hebben een conflict met elkaar over een schutting in de tuin. Ze voeren een gesprek, eerder te karakteriseren als een woordenwisseling, over hun probleem:

> VROUW: Ik was er niet bij toen-ie aan het maken was.
>
> MAN: Ja, wel hoor.
>
> VROUW (nadrukkelijk): Ik was er níét bij toen-ie aan het maken was.
>
> MAN: Hoe moet ik dan de tuin uit komen?
>
> VROUW: Sta niet zo te liegen, man, anders krijg je een klap voor je hersens van mij.
>
> MAN: Hoe moet ik die tuin uit komen dan?
>
> VROUW: Ach, ga weg, gooi die deur alsjeblieft dicht.
>
> MAN: Nee, hoe moet ik dan die tuin uit komen?
>
> VROUW: Leugenaar. Echt! Ik geef je dadelijk een teringklap boven op je muil.

Deze dialoog is afkomstig uit het tv-programma *Mr. Frank Visser doet uitspraak*, waarin net als in het vergelijkbare, al langer bestaande *De Rijdende Rechter* burgers een klacht over een andere burger voorleggen aan een officieuze, maar wel juridisch geschoolde rechter. In vrijwel alle gevallen gaat het om een conflict waar de klagers (meestal buren) al jarenlang hopeloos in verwikkeld zijn. De meeste ruzies betreffen geluidsoverlast, erfgrenzen, recht van overpad, kadasterlijnen, schuttingen en andere bouwsels. Een enkele keer is er een kwestie aan de orde als 'gluren bij de buren' of een slecht passende bruidsjurk, die het decolleté op een verkeerde manier doet uitkomen, waardoor de spreekwoordelijke Mooiste Dag in het leven van de bruid volledig en voor altijd is verpest.

Behalve amusant – beide programma's trekken al jaren vele kijkers – zijn deze tv-'rechtszaken' ook in talig opzicht interessant. Want wie het taalgebruik van ruzies wil analyseren, loopt tegen het probleem aan dat er maar weinig taalmateriaal beschikbaar is dat zich leent voor onderzoek. Ruzies spelen zich immers meestal af in de privésfeer. Maar de televisie biedt uitkomst: dankzij *De Rijdende Rechter* en *Mr. Frank Visser doet uitspraak* zijn er tientallen, vaak 'sappige' voorbeelden van dit specifieke gespreksgenre.

Ongeschreven regel

Wanneer mensen met elkaar in gesprek zijn, doen ze dat volgens een belangrijke, ongeschreven regel. Het 'coöperatieprincipe' noemen Hanneke Houtkoop en Tom Koole dat in hun boek *Taal in actie. Hoe mensen communiceren met taal.* Taalgebruikers nemen bij de interpretatie van taaluitingen aan dat de ander zich coöperatief gedraagt. Daar voegen de twee auteurs alleen wel aan toe: ‘totdat het tegendeel blijkt’. Dat tegendeel blijkt heel vaak bij een bepaald type gesprek, namelijk bij ruzies. Neem nu de twee buren van hiervoor. Bij hen is maar heel weinig te merken van iets wat in de buurt komt van coöperatie, van gemeenschappelijk een gesprek opbouwen. De twee beschuldigen en bedreigen elkaar en lijken nauwelijks naar elkaar te luisteren, laat staan rekening met elkaar te houden.

In ruzies bij *De Rijdende Rechter* en zijn collega schelden mensen elkaar af en toe uit voor *imbeciel*, *psychisch gestoord*, *kwal*, *onbeschoft varken*, *dikzak* of *idioot*, wat uiteraard geen bijdrage levert aan een vreedzame dialoog en zeker niet aan een harmonieuze oplossing van het conflict dat aan de rechter van dienst wordt voorgelegd. Een voorbeeld van hoe het er soms aan toe gaat:

MAN: Wieland was beneden en toen heb ze me voor alles en nog wat uitgemaakt.

VROUW: Ik heb alleen gezegd… mijn bloed kookte… en toen heb ik ‘kale hond’ gezegd.

MAN: Het was ‘vieze, kale rothond’.

Nog een voorbeeld van twee zussen die ruziemaken over een erfenis:

VROUW 1: Ik denk dat jij misbruik maakt van de angst van Michelle.

VROUW 2: Wat ben jij een gemeen loeder, insinuaties… wat ben jij een gemeen loeder!

De volgende woordenwisseling is ook illustratief:

VROUW: Toen meneer Van Eck begon te klagen over geluidsoverlast hebben we hen ook aangeboden bij hem te komen luisteren.

MR. FRANK VISSER: Dat heeft u gedaan?

VROUW: Nee, want daar wilde meneer Van Eck niet aan meewerken.

MENEER VAN ECK: Niks van waar, ze hebben dat nooit aangeboden.

VROUW: Nou, meneer Van Eck is een beetje een pathologische leugenaar.

Let ook op dat 'een beetje' voor 'een pathologische leugenaar'. Mogelijk is dat een poging tot ironie, die in dit soort situaties over het algemeen niet wordt begrepen.

Uiteraard ontkennen ruziemakers dat ze zelf een geestelijk mankement hebben. In een conflict over (weer) geluidsoverlast vraagt de presentator aan de klagende vrouw of ze niet 'gewoon in de war is', met andere woorden, of ze zich de bonkende geluiden van haar buren midden in de nacht niet verbeeldt of het niet 'tussen de oren zit' bij haar. 'Nee, nee, nee,' reageert de vrouw, 'de spiegejater heb het ook gezegd.'

Welles-nietes

Ruziemakers schenden dus het coöperatieprincipe, maar wat blijken verder zoal de kenmerken van ruzies te zijn? Zijn er bepaalde patronen te ontdekken? Een in het oog springend kenmerk is dat het in ruzies niet alleen ontbreekt aan samenwerking, maar dat er ook geen oplossing wordt nagestreefd. De kemphanen lijken eerder uit te zijn op het laten escaleren van het conflict, zoals in het onderstaande fragment, over een doek die aan een schutting hangt:

VROUW 1: Dan gaat het mij om die doek hier, dat vind ik niet zo'n fraai gezicht.

VROUW 2: Maar die hangt in míjn tuin aan míjn schutting, dus of je hem nou mooi vindt of niet, hij is van mij, dus je blijft ervan af.

VROUW 1: Ik kom er ook niet aan.

Met 'dus blijf je ervan af' is het of vrouw 2 de ruzie verder op de spits wil drijven. Enkele minuten later is er een vergelijkbare interactie:

MAN (echtgenoot van Vrouw 1): Die plaat steekt boven de heg uit.

VROUW 2: Maar dat is jouw probleem! Dan los jij het maar op! Maar niet aan mijn schutting komen, niet aan mijn plaat komen!

MAN: Hij moet weg, die plaat.

VROUW 2: Helemaal niet. Het hangt in mijn tuin.

MAN: Die plaat is boven de twee meter vijfentwintig.

VROUW 2: Nou ja, so what, jij hebt er een probleem mee. Dan los je het zelf maar op, maar daar blijf je van af.

De meeste ruzies zijn in feite een reeks van ontkenningen, over en weer. Dat 'welles-nietespatroon' is heel duidelijk te zien in deze dialoog, waarin de twee buren beweren dat de ander hen begluurt.

MAN 1: Als jij niks van mij wilt, wat doe jij dan om halftwaalf op de erfgrens bij mij in de woning te kijken?

MAN 2: Dat doe ik niet.

MAN 1: En dan moet je niet zeggen: ze staan dan te kijken. Natuurlijk sta ik dan te kijken dat er een idioot bij mij voor het raam staat.

MAN 2: Ik sta te kijken want toen regende het...

MAN 1 (onderbreekt): Het regende niet.

MAN 2: Het heeft hard geregend.

MAN 1: Het regende níét.

Opvallend is dat Man 2 in zijn eerste bijdrage zegt: 'Dat doe ik niet', hoewel hij daarna die ontkenning terugneemt met 'Ik sta te kijken want toen regende het...'

Een doodenkele keer wordt iets niet ontkend, maar bevestigd, en zelfs dan is dat vooral tegen de ander gericht:

VROUW 1: En de gunfactor van jou is nul.

VROUW 2: Juist, ik gun je niks.

Soms geven mensen iets halfslachtig toe en proberen ze toch weer een beetje of misschien wel helemaal gelijk te krijgen door met een ander argument op de proppen te komen. Zoals hieronder, waarin het gaat om twee vrouwen die eerder goed bevriend waren, waarbij de ene vrouw af en toe (tegen betaling) voor de gezamenlijke maaltijd zorgde. Vanwege een klusjesman hebben ze echter ruzie gekregen.

VROUW 1: Ik had pannenkoeken gebakken en dat lust ze niet, ze lust geen kouwe pannenkoeken.
VROUW 2: Dat wist je.
VROUW 1: Nee, dat wist ik niet.
(PRESENTATOR: Dat stond niet op het lijstje van dingen die ze niet lust.)
VROUW 2: Nee, ik heb het toen wel een paar keer tegen d'r gezegd, ik hou niet van kouwe pannenkoeken, daar hou ik niet van.

Eerst is er sprake van een welles-nietespatroon maar in haar laatste bijdrage kan vrouw 2 de bewering van vrouw 1 niet direct ontkennen. Ze geeft ook niet toe: de andere vrouw had het volgens haar móéten weten, van die 'kouwe pannenkoeken'.

Een doodenkele keer gaat iemand niet in op een beledigende opmerking, maar reageert met een ironische opmerking. Hier betreft het twee vrouwen (andere dan hierboven) die elkaar onder meer van roddelen beschuldigen:

VROUW 1: Dat jij geen seks hebt, daar kan ik niks aan doen. Ik heb wel seks.
VROUW 2: Dat is fijn voor je.

Een variant op het welles-nietespatroon is dat mensen simpelweg niet op een verwijt ingaan, zoals in:

MAN 1: Mijn dochter die is zwaar overspannen, alleen maar door dit gedrag van hem.

MAN 2: Ik heb toch niks met jullie te maken?

In een ander conflict verwijt de ene man de andere dat hij een uitzichtbelemmerende schutting wil bouwen van één meter tachtig hoog. De reactie van de schuttingbouwer: 'Zo'n grote muil moet je hebben als mijn zoon d'r is!'

Jij-bak

Een zeer veel voorkomende variant van het welles-nietespatroon is die waarin de een de ander een leugenaar noemt, waarna die ander het verwijt omkeert. Kortom, men beschuldigt elkaar van leugens, zoals in het onderstaande fragment:

VROUW: Jij uitzicht belemmeren mij! En zit niet te liegen want ik kom zo bij je hoor!

MAN: Jíj liegt.

VROUW: Zit niet te liegen.

MAN: Jíj liegt.

Het bovenstaande dialoogje, dat inderdaad begint met een kromme zin, is tegelijk een voorbeeld van het 'jij-bakpatroon'. Dat komt op het volgende neer: A zegt tegen B: 'Jij doet altijd X', waarna B terugslaat met: 'Ja, maar jij doet altijd Y.' X en Y kunnen min of meer hetzelfde zijn, zoals in het lieg-voorbeeld of in het onderstaande dialoogje:

VROUW: Die man is gestoord, die hoort in het gekkenhuis.

MAN: Nou, jij bent rijp voor het Pieter Baan Centrum, hoor!

X en Y kunnen wat betreft inhoud ook van elkaar verschillen, zoals in de volgende fragmenten:

MAN: Je ben niet goed bij je hoofd!

VROUW: Nee, jij ben een lekker dier!

VROUW 1: En waarom doe ik dat dan? (schelden, RA) Doe jij wat aan het geblaf van de honden?

VROUW 2: Jij draait de muziek dag en nacht keihard.

Zo'n kort dialoogje laat ook zien waarom deze ruzies vaak uit de hand lopen. Vrouw 2 gaat niet in op het verwijt van vrouw 1, maar komt met een nieuw tegenverwijt, waardoor de verwijten zich opstapelen en een mogelijke oplossing steeds verder uit het zicht raakt, als die al bereikbaar leek.

Onenigheid, discussie, ruzie

Bij 'normale' ruzies wordt op verwijten over gedrag vaak gereageerd met een verklaring voor dat gedrag. Neem het volgende clichématige, fictieve voorbeeld:

VROUW: Nou heb je verdomme alweer de afwas laten staan!

MAN: Ja, maar ik had het ontzettend druk met de kinderen naar bed brengen, het opruimen van de gang en toen werd ik ook nog gebeld door Jonas, die begon een lang verhaal over...

VROUW: Smoesjes, ik vind dat je evengoed best de afwas had kunnen doen. Je zit nu ook gewoon de krant te lezen.

Enzovoort, enzovoort.

Bij *De Rijdende Rechter* gaat het er in de meeste gevallen heel anders aan toe, zoals in het volgende fragment:

VROUW 1: Ik heb gezien wat er gebeurd is.

VROUW 2: Ja, ik ook.

VROUW 1: Waarom rij je hard achteruit en rij je mijn vader omver? Waarom?

VROUW 2: Ja... heeft me in mijn gezicht gespuugd. Het was echt snot.

VROUW 1: Het is het lafste wat je kon (het omver rijden van de vader, RA). Dat doe je niet.

In het jij-bakpatroon treedt er vaak herhaling op, alsof iets vaker zeggen ook betekent dat het eerder waar is:

VROUW 1: Ja, jij leeft echt in een fantasie.

VROUW 2: Jij, misschien jij, ja.

VROUW 1: Deze vrouw leeft echt in een fantasie.

VROUW 2: Ze liegt, jongen.

Mensen die een conflict hebben dat door *De Rijdende Rechter* moet worden beslecht, zijn niet alleen nauwelijks geneigd samen te werken, ze lijken zelfs niet in staat echt met elkaar te praten. Vaak zeggen ze dat letterlijk: 'Met jou valt ook niet te praten.' Zelden of nooit ontstaat een uitwisseling van argumenten, verklaringen, laat staan dat er excuses worden gemaakt. Er is sprake van onenigheid, verschil van inzicht enzovoort, maar het wordt geen enkele keer een discussie. Er is ook nooit sprake van enig begrip voor de ander, die altijd 'de tegenstander' is:

VROUW: Jij loopt alles te fantaseren.
MAN: Jij, moet jij dat zeggen?
VROUW: Ik heb gezegd...
MAN (onderbreekt): Je bent een viespeuk, klaar.

Ruziemakers luisteren niet naar andere argumenten, houden krampachtig vast aan hun eigen visie en verwijten de andere partij onwaarheid te spreken. Redelijkheid en verstandelijke overwegingen zijn verdwenen in een kolk van wraakgevoelens, haat en woede. Ze hebben daardoor zó'n verschillende kijk op 'de werkelijkheid' dat ze de ander nooit gelijk zullen geven of elkaar in een compromis zullen kunnen vinden. Eerder lijken ze elkaar naar het leven te staan:

MAN 1: Het regende niet.
MAN 2: Maakt niet uit. Het was nat.
MAN 1: (Non-verbaal – steekt zijn middelvinger op.)
MAN 2: Kijk, daar gaat de middelvinger weer.
MAN 1: Die ken je van mij krijgen. Je ken wel meer krijgen!

In enkele gevallen is er sprake van een direct doodsbedreiging: 'Je moet ophouwe, anders maak ik je af!'

Slechts de juridische wijsheid van *De Rijdende Rechter* kan hier uitkomst bieden, maar of de buren in vrede verder zullen leven, is zeer de vraag.

‘Ik heb verwachtingen die mijn vraag naar jou toe bepalen.’

Voorzetselveranderingen

‘Deze crisis en de opstelling van andere landen naar Italië heeft de broze relatie met Europa geen goed gedaan.’ De opstelling *naar* Italië? Is de opstelling *tegenover* Italië niet beter? En *jegens* Italië niet mooier? Al enkele decennia is er sprake van toenemend gebruik van het voorzetsel *naar* in het Nederlands. *Naar* komt steeds meer in de plaats van een breed scala van andere voorzetsels, zoals de volgende voorbeelden laten zien (tussen haakjes steeds het traditionele, ruw terzijde geschoven voorzetsel):

- Dat moeten we dan wel naar de kiezers kunnen uitleggen (*aan*).
- We zijn ook geïnteresseerd naar het scholingsconcept (*in*).
- Je blijft een stukje voeling houden naar je cultuur van herkomst (*met*).
- Dat is een advies van het OMT naar het kabinet (*aan* of *voor*).
- Dit zou valse concurrentie betekenen naar de plaatselijke horeca (*voor*).
- Ik heb die vraag ook naar het managementteam gesteld (*aan*).
- Mijn man vindt dat hij dan terug kan schelden en heeft laatst het woord klootzak naar mijn zoon gebruikt (*tegenover*).
- Dit is een stukje respect dat je afdwingt, weet je wel, naar je brotherhood (*bij* of *van*).

De laatste zin werd uitgesproken door de leider of de voorzitter van de *outlaw motorgang*, Sin Miedo ('Zonder Vrees'), naar aanleiding van een afranseling die kandidaat-leden van de 'club' moesten ondergaan als een vorm van ontgroening. Wie nu respect krijgt, de kandidaat-leden of de leden (de *brotherhood*) is niet direct duidelijk.

Een enkele keer komt het 'nieuwe' *naar* zelfs twee keer in één zin voor, zoals in de volgende (van het spraakmakende kamerlid Pieter Omtzigt): 'Nou blijkt er ook een memo uit 2017 te zijn naar de top van de belastingdienst die zei: u heeft het fout gedaan, u moet het rechtzetten naar de ouders.' Traditioneel (maar hoe geldig zijn tradities?) is het uiteraard 'een memo aan...' en 'rechtzetten voor de ouders'.

Terwijl de woordkeuze in uitdrukkingen toch vast lijkt te liggen, is het gebruikelijke voorzetsel daarin zelfs niet heilig: 'We moeten de vinger naar de zere plek leggen.' *Op* de zere plek... *op* de zere plek... Het is duidelijk, in allerlei zinnen, in allerlei contexten moeten veel voorzetsels wijken voor de expansiedrift van *naar*.

Soms wordt *naar* ook gecompleteerd met zijn bijzit *toe*, vooral als vervanger van *tegenover*, c.q. *jegens* of *ten opzichte van*, zoals in de vier voorbeelden hieronder:

- Ik heb verwachtingen die mijn gedrag naar jou toe bepalen.
- Je moet eerlijk zijn naar jezelf toe.
- Hoe onvoorwaardelijk ben ik naar mijn kind toe?
- Van brochures met informatie over prenatale diagnostiek tot opvoedboeken: allemaal naar de moeder toe geschreven.

In *Het verhaal van een taal; negen eeuwen Nederlands* (1993) concludeerden De Vries, Willemyns en Burger al dat *naar* en *naar... toe* waren doorgedrongen in de schrijftaal als vervangers van *tegenover*, *jegens*, *voor* en andere voorzetsels. Zij gaven de volgende hypothetische verklaring voor dit proces: '*Naar* en *naartoe* benadrukken meer dan de voorzetsels die ze vervangen een relatie, en tieren dan ook welig in het taalgebruik van hen die van die relaties hun werk hebben gemaakt: het personeel van de zachte sector.' Of het personeel *in* de zachte sector, voeg ik hieraan toe. Overigens wordt de opmerking over de zachte sector treffend geïllustreerd door een zin van Rutger Bregman in zijn boek *De meeste mensen deugen:* 'Ik heb verwachtingen die mijn gedrag naar jou toe bepalen.'

Hoe zit dat nu? Wat kan er allemaal veranderen in een taal? Alles? De taal kent inhoudswoorden (zoals zelfstandige naamwoorden) en functiewoorden (zoals voornaamwoorden – *ik*, *me*, *mijn*, enzovoort). Van de eerste categorie zijn er heel veel en daarin treden voortdurend veranderingen op; het is een zogeheten 'open klasse'. Er komen nieuwe woorden bij, vooral nieuwe samenstellingen, zoals in de coronaperiode: *Anderhalvemetersamenleving* en *huidhonger*, die respectievelijk op de eerste en de tweede plaats eindigden bij de verkiezing van het Woord van het Jaar 2020. Bij de Tweede Kamerverkiezingen van maart 2021 konden automobilisten ook stemmen in een *autostemstraat* en fietsers in een *fietsstemstraat*. De combinatie- en uitbreidingsmogelijkheden zijn bijna onbeperkt; in die laatste 'straat' zijn er ook mensen die een en ander in goede banen moeten leiden, en dat zijn de *fietsstemstraatmedewerkers*. Die moeten op hun beurt weer geïnstrueerd worden over de correcte gang van zaken en zo hebben we de *fietsstemstraatmedewerkersinstructie*, die is neergelegd in een folder, waarvan het concept nog moet worden beoordeeld en dan krijg je de... Hoe lang zouden we door kunnen gaan?

Nieuwe woorden die niet zijn samengesteld uit bekende woorden zijn betrekkelijk zeldzaam. Een voorbeeld is het modewoord *wappie*. Het betekent 'gestoord' of 'dronken' (bijvoeglijk naamwoord) of 'dronken/gestoord persoon', 'dwaalgeest' (zelfstandig naamwoord). Specifieker staat het voor 'iemand die ervan uitgaat dat de coronacrisis het werk is van samenwerkende regeringen ('*deep state*') die het volk zo van zijn vrijheid willen beroven, van de grote farmaciebedrijven en van *mr. Microsoft*, Bill Gates, de personificatie van het Grote Kwaad'. Het schijnt dat in non-Standaardnederlands het woord al wel spaarzaam voorkwam. Zo noemde crimineel Willem Holleeder zijn zus Astrid *wappie*: 'Ze heb een spin in haar hoofd zeggen we in de Jordaan. Ze is wappie.' Nieuwe woorden zijn vooral leenwoorden, met name uit het Engels en ze verdringen vaak een Nederlands woord. *Sale* heeft *uitverkoop* al lang verdrongen, een man en een vrouw hebben geen *afspraakje* meer, maar een *date*, ze *daten*, of ze gaan *op date*, natuurlijk, net zoals je op vakantie gaat. Ouders maken voor hun jonge kinderen inmiddels ook een *speeldate*. (Zie voor nieuwe woorden ook pagina's 133-147 over straattaal.)

Er verdwijnen ook woorden of ze zijn bezig te verdwijnen. Ze bestaan vaak nog wel, maar vooral in woordenboeken; (vrijwel) niemand gebruikt ze nog, zoals *struweel* voor *struikgewas*. Wie weet nog wat *riebelen* betekent? ('huiveren'). Een woord als *bakvis* ('meisje in de tienerleeftijd') is al lang uit het alledaagse taalgebruik verdwenen. Woorden kunnen ook een andere of een extra betekenis krijgen. Een *virus* was voorheen alleen een 'submicroscopische ziekteverwekker' en is sinds de digitale revolutie ook 'computervirus' gaan betekenen. Vroeger kon vooral een stoel *comfortabel* zijn, dat wil zeggen prettig, gerieflijk om in te zitten. Anno nu kunnen mensen zich – beïnvloed door het Engelse *comfortable* – ook *comfortabel* voelen, dat wil zeggen 'op hun gemak'.

De tweede categorie, die van de functiewoorden, is beperkt in aantal, het is een gesloten klasse en daarin zijn veranderingen zeldzaam. Ter discussie staan al enige tijd de voornaamwoorden. Voor de derde persoon enkelvoud moet de spreker kiezen tussen enerzijds *hij/hem/zijn* en anderzijds *zij/haar/haar*. Maar sommige mensen willen die keuzes niet maken of willen niet per se als man of vrouw worden benoemd: ze pleiten voor een genderneutraal voornaamwoord. Zweden dient dan als voorbeeld. Het Zweeds heeft *han* ('hij') en *hon* ('zij') als persoonlijk voornaamwoord voor de derde persoon. Vanuit de Zweedse overheid is nu een nieuw persoonlijk voornaamwoord geïntroduceerd, namelijk *hen* en daaraan gekoppeld de vormen *henom* ('hem/haar') en het bezittelijk voornaamwoord *hens* ('zijn/haar'). De nieuwe vormen schijnen veel te worden gebruikt, maar die conclusie is nog niet bevestigd door kwantitatief wetenschappelijk onderzoek.

In Nederland komt sinds kort ook een enkele keer *hen* voor als genderneutraal voornaamwoord, maar dan staat er vooralsnog wel een verklaring bij, zoals '*hen* verwijst naar een nonbinair persoon die niet met *hij* of *zij* wil worden aangeduid'. Daarna wordt *hen* dan gebruikt zonder nadere verklaring, zoals in een *Volkskrant*-artikel over Raven van Dorst (voorheen Ryanne van Dorst) die bekendmaakte hermafrodiet te zijn, dus zowel mannelijke als vrouwelijke biologische kenmerken te hebben. 'De kans dat Raven van Dorst zich in dit debat (over onder meer de vermelding van het geslacht in paspoorten, RA) gaat mengen, is klein. Hen werkt vooralsnog niet mee aan interviews over dit onderwerp.'

In Nederland heeft ooit Wim T. Schippers geprobeerd het persoonlijk voornaamwoord voor de tweede persoon enkelvoud *joe* in plaats van *jij* en *u* ingang te doen vinden, dus vergelijkbaar met het Engelse *you*. Met *joe* zou de hiërarchische relatie tussen de spreker en de aangesprokene naar de achtergrond verdwijnen. *Joe* is nooit een succes geworden en wordt alleen af en toe nog gebruikt als grapje. Mensen die streven naar 'taalgelijkheid' hebben ook vaak moeite met het gebruik van de mannelijke vorm voor zowel mannen als vrouwen, bijvoorbeeld in zinnetjes als 'Iedereen moet zijn best doen'. *Zijn*, hoezo *zijn*, worden vrouwen ook met dit mannelijk voornaamwoord aangeduid? Er is wel voorgesteld *zijn* en *haar* samen te laten smelten tot *zaar*, als neutraal voornaamwoord zowel verwijzend naar mannen als vrouwen. Een kansloos voorstel. 'Iedereen doet zijn of haar best' ligt meer voor de hand. Het persoonlijk voornaamwoord *gij*, de plechtige variant van *u*, is overigens vrijwel verdwenen uit het hedendaagse Nederlands. Het wordt bijna alleen nog gebruikt in een ironische context: 'Waarde vriend, hebt gij uw valies reeds gepakt?'

Terug naar de voorzetsels. Die vormen ook een gesloten klasse. De taalgebruiker moet zich zien te redden met de voorzetsels die er zijn, nieuwe komen er niet bij; tenminste, er zijn geen tekenen die daarop wijzen. Maar er is wel degelijk iets aan het veranderen in het systeem en dat geldt niet alleen voor *naar*, maar ook voor veel andere voorzetsels, bijvoorbeeld *richting*, dat een deel van de toepassingen van *naar* heeft overgenomen. Er gaat geen trein meer *naar* Maastricht, nee, het is de trein *richting* Maastricht. Dus wie naar Maastricht wil, moet voorlopig maar afwachten of die trein daar ooit aankomt.

Nog enkele voorbeelden die laten zien dat *richting* in de plaats kan komen van verschillende andere voorzetsels en bepaald niet alleen van *naar*:

- Ten slotte meldde hij soms geïrriteerd te zijn richting de media (*over*).
- Zij was zo boos op mij omdat ik zo'n 'foute grap' richting haar familie had gemaakt (*over*).
- Hij kondigde dit jaar zijn afscheid aan als Kamerlid, naar later bleek nadat hij door Öztürk was geconfronteerd met eerder 'grensoverschrijdend gedrag' richting een bij Denk betrokken vrouw (*tegenover, jegens*).
- D66 is er stevig ingegaan richting Mark Rutte (*tegen, tegenover*).
- Kan een volgende keer dat regeerakkoord ook meer op hoofdlijnen? Dan kun je daarmee ook meer ruimte creëren voor beide kamers richting het kabinet (*tegenover, ten opzichte van*).
- Een oorwassing door VVV, een gelijkspelletje bij RKC veroorzaakten de kloof van acht punten die er nu is richting koploper Ajax (*met*).

- Forum (voor Democratie) stelt dat de VVD bij de landelijke formatie toenadering zoekt richting GroenLinks en PvdA (*tot*).

Een enkele keer wordt *richting* ook *in de richting van*, zoals in de notulen van de kabinetsvergaderingen over de berucht geworden toeslagenaffaire: 'De minister-president laat weten in de richting van mevrouw Lodders reeds het belang van eenheid in de coalitie te hebben benadrukt.'

Op is een ander voorzetsel dat bezig is met een kleine opmars (onvermijdelijk woordgrapje). Zo zei staatssecretaris Monica Keijzer: 'Je moet de mensen ondersteunen op het meedoen in de samenleving.' *Op*? *Bij* zal ze bedoelen, eventueel *in*. Steeds vaker worden zaken ook *op orde* gebracht in plaats van *in orde*. Meer voorbeelden:

- Qua hygiëne hadden we al heel hoge standaarden – mijn moeder is daar heel streng op (*in*).
- Leidse hoogleraar kritisch op spoedwet met coronamaatregelen (*over* – 'kritisch op' komt veel voor, waarschijnlijk onder invloed van 'kritiek hebben op iets').
- Welke bank gaat actief werven onder deze groep die uitstekend op deze functie aan de slag kan (*in*).
- China investeert veel op research en development (*in*).
- Sarah Noor is schrijver en onderzoeker op het thema inclusie en diversiteit bij Movisie (*met betrekking tot*).
- We zullen beleid gaan maken op die nieuwe thema's (*met het oog op*, *in verband met*).
- Het is inhoudelijk een realistisch programma, op klimaat, op de woningbouw, op de stikstof (*met betrekking tot*, *in verband met*; der-

gelijke voorzetseluitdrukkingen lijken het moeilijk te hebben – wanneer hoor of lees je nog *ten behoeve van*, *met het oog op*, *ten gunste van*, enzovoort?).

In de laatste drie voorbeelden, waarin een voorzetseluitdrukking is vervangen, lijkt er sprake te zijn van invloed van het Engels – 'They are doing research on...', 'It's a program on...' enzovoort.

Een zin als 'Professor Billardo is gespecialiseerd op prenatale screening' laat ook goed zien dat zogenaamde vaste voorzetsels niet meer heilig zijn; het is immers 'gespecialiseerd zijn *in*...', net als in de voorbeeldzin met China's investeringen (investeren *in* en niet *op*). Een vaste combinatie als 'vertrouwen hebben *in*...' zou ook weleens kunnen sneuvelen, mede vanwege 'op iemand vertrouwen'. Ik zal niet gek opkijken als ik binnenkort de volgende zin kan optekenen: 'Ik heb veel vertrouwen op die nieuwe manager'.

De populariteit van *op* blijkt ook uit inmiddels bijna vaste combinaties als *beleid maken op*... en *sturen op*... Vooral in politiek taalgebruik en ambtelijk beleidsjargon komen deze vormen veel voor. Zo zei kamerlid Pieter Omtzigt: 'De belastingdienst is de enige dienst waar we nog op kunnen sturen.' Hier is het voorzetsel volstrekt overbodig. 'De belastingdienst is de enige dienst die we nog kunnen sturen' is immers het voor de hand liggende alternatief. Het hele bouwsel van voorzetsels lijkt te wankelen. Zo stond er in een rouwadvertentie in *de Volkskrant*: '(...) was al enige tijd ernstig ziek, maar toonde ook tijdens zijn ziekte grote betrokkenheid voor de afdelingen waar hij voor werkte'. *Van Dale* heeft het alleen over 'betrokken zijn bij...' en niet over 'betrokken zijn voor...'.

Op 30 december 2020 was de vraag op de taalkalender van *Onze Taal*: 'Heb je interesse *in* kunst of *voor* kunst?' Beide zijn correct volgens de Taaladviesdienst. Maar hoe zit het met interesse *naar* of *richting* kunst? Of misschien zelfs interesse *op* kunst? Zij is geïnteresseerd op kunst... ja, zou zomaar kunnen, om een hedendaags cliché aan te halen.

‘Nog een ogenblik geduld alstublieft.’

Ogenblikken en momenten

Het zal iedereen bekend in de oren klinken: ‘Om u van dienst te zijn volgt er nu een keuzemenu...’ Nadat de opbeller zich met groeiende ergernis door het keuzemenu heeft geworsteld, klinkt er vaak iets als: ‘Er zijn zes wachtenden voor u. Nog een ogenblik geduld alstublieft.’ Meestal wordt daaraan iets toegevoegd als: ‘Dit gesprek wordt opgenomen voor trainings- en coachingsdoeleinden met het oog op het verbeteren van onze service.’ De service waar de beller werkelijk behoefte aan heeft, is waarschijnlijk een snelle afhandeling van het telefoongesprek. Overigens ook geen fraai Nederlands: *trainings- en coachingsdoeleinden*. Waarom geen *doelen*? Klinkt *doeleinden* chiquer?

Maar dan het *ogenblik geduld*. De *Grote Van Dale* meldt de volgende twee betekenissen van *ogenblik*: 1. De tijd die men voor het slaan van een blik nodig heeft; zeer korte tijdruimte; 2. Tijdstip. Vandaar natuurlijk ook ‘Doe het ogenblikkelijk!’ – ‘Doe het meteen!’

Wel, tien minuten wachten tot je opgeschoven bent naar (met veel geluk) positie drie in de wachtrij is bepaald geen ‘zeer korte tijdruimte’ en zeker geen ‘tijdstip’. Vroeger klonk er ondertussen altijd dreinerige liftmuziek, tegenwoordig wordt de wachttijd veelal opgeluisterd met berichten als ‘Wist u dat u op veel van uw vragen ook antwoorden kunt vinden op onze website?' Knarsetandend mompelt de beller 'Daar heb ik verdomme al gekeken, maar ik kon niks vinden'. Of de beller hoort tot zijn of haar ergernis: 'Sinds enkele maanden kunt u bij ons ook terecht voor product X, bekijk het recente aanbod op onze website.' Dat aanbod kunt u wat mij betreft in uw... Nee, de beller beheerst zich. Hij/zij zou het liefst deze poging tot een gesprek afbreken, maar schiet daar uiteraard ook niets mee op. Dan lijkt het er namelijk op of je uit een langzaam voortgaande rij voor een loket stapt en vervolgens achteraan weer aansluit.

Soms wordt niet gevraagd om een ogenblik geduld, maar om 'een moment geduld'. Voor *moment* geldt hetzelfde als voor *ogenblik*. Een enkele keer is het ook 'één moment geduld', want twee momenten geduld, nee, dat kan niet, dat duurt te lang. Soms wordt een 'moment' een 'momentje', vaak in winkels, en ten slotte wordt op een haar na het nulpunt bereikt met 'een klein momentje': een zelfs met de beste meetapparatuur niet meer vast te stellen tijdseenheid.

Vondel schreef in het beroemde gedicht voor zijn overleden zoontje Constantijn 'Eeuwigh gaat voor oogenblick'. In de alledaagse werkelijkheid lijkt een ogenblik soms een eeuwigheid te duren.

‘Vanaf de eerste zin was ik geboeid.’

Het begin van een verhaal

‘Sanne trok de deur van haar ouderlijk huis achter zich dicht en wist dat ze hier nooit meer zou terugkeren.’

Annejet slaakt een zucht van opluchting, schuift haar bureaustoel een stukje naar achter en kijkt naar buiten. Ze richt haar ogen op het huis van de overburen, alsof daar elk moment iemand zoals Sanne het pand zou kunnen verlaten. Een schrijfdocent – vier uitgegeven boeken op zijn naam, dus wel met ervaring – had weleens gezegd: ‘Als je de eerste zin niet weet, begin je gewoon met de tweede.’ Hallo! Ja, lekker makkelijk. Dan werd die tweede een probleem, en als je daar niet op kon komen de derde, enzovoort. Maar nu heeft ze hem, die eerste zin. Terwijl ze vanochtend onder de douche stond, schoot hij zomaar in haar hoofd. Dagenlang heeft ze erop zitten broeden en plotseling was hij er, als een cadeautje, terwijl ze de shampoo uit haar haren spoelde.

Bij deze eerste zin zal de lezer zich een vraag stellen: wat heeft ertoe geleid dat Sanne de deur van haar ouderlijk huis voorgoed achter zich heeft dichtgetrokken? En tegelijk roept hij de vraag op wat er nu verder moet gebeuren. Zal ze inderdaad de woning van haar ouders nooit meer betreden en wat zijn daarvan de consequenties? Mooi, twee wezenlijke vragen, waar de lezer antwoorden op wil hebben, die de lezer nieuwsgierig maken en aanzetten tot verder lezen. En dat in één zin. Dat is nog eens een voorbeeld van effectief schrijven. Elk woord telt, heeft ze geleerd en dat betekent: niet te weinig, maar vooral ook niet te veel woorden.

Ze sluit haar ogen en spreekt de zin nog eens uit, zorgvuldig articulerend: 'Sanne trok de deur van haar ouderlijk huis achter zich dicht en wist dat ze hier nooit meer zou terugkeren.' Koffie, ze heeft koffie verdiend, met een plakje chocoladecake van de chique banketbakker. Die heeft ze gisteren gekocht. Alsof ze toen intuïtief al wist van deze kleine doorbraak.

Het verhaal dat ze wil vertellen, ziet ze al maandenlang voor zich. De grote lijn tenminste. Maar het startschot is belangrijk. Het is natuurlijk geen honderd meter hardlopen, maar eerder een marathon. Uithoudingsvermogen, wilskracht, doorzettingsvermogen, daar komt het op aan. En talent uiteraard, ideeën. Die heeft ze in ieder geval in overvloed.

Ze merkt niet eens dat Steffie op haar schoot springt. Gedachteloos streelt ze de spinnende poes. Opnieuw prevelt ze haar beginzin. Ze vraagt zich af wat de volgorde moet zijn van de laatste woorden '... nooit meer terug zou keren' of '... nooit meer zou terugkeren'. Welke heeft de voorkeur? Ze spreekt beide alternatieven hardop uit. Welke klinkt beter? Wat zou het heerlijk zijn om hier met een redacteur van een uitgeverij over te kunnen discussiëren! Maar ja, zo'n redacteur is pas binnen handbereik als een uitgever iets in haar manuscript ziet.

Zodra ze weer voor haar laptop zit, googelt ze de *Algemene Nederlandse Spraakkunst*, de ANS. Na lang zoeken vindt ze een tekst over scheidbaar samengestelde werkwoorden. (Ze kent die term: toch nog een positief effect van haar tweejarige, voortijdig afgebroken studie Nederlands.) Beide varianten – dus met 'terug zou keren' en 'zou terugkeren' – zijn aanvaardbaar volgens de *ANS*, maar de eerste komt meer voor in spreektaal en de tweede in schrijftaal. Probleem opgelost, 'zou terugkeren' is hier dus beter, het is tenslotte geen dialoog.

Nu de volgende zinnen. Ze denkt aan het verdere verloop van het verhaal of liever gezegd aan alles wat er aan de eerste zin is voorafgegaan, in feite aan alles wat geleid heeft tot wat er in die eerste zin gezegd wordt. Kan ze nu meteen die sprong naar het verleden maken met een lange flashback?

Annejet tuurt op het scherm van haar laptop. Misschien moet ze een ander lettertype kiezen, iets groter ook. Een wat grotere regelafstand kan ook handiger zijn, dan heeft ze een beter zicht, het leest makkelijker. Een halfuur is ze bezig om de beste instellingen te krijgen. Ja, Calibri, 12 punts en regelafstand 1,5. Zo heeft ze een prima overzicht. Voor de zekerheid slaat ze de eerste zin op. Ze heeft op voorhand al een map 'Nieuw boek' gemaakt, want een titel heeft ze nog niet. Het lijkt een beetje pretentieus alsof ze al eerder boeken heeft geschreven, maar alleen 'boek' lijkt haar zo kaal staan. Het bestand noemt ze 'hfdst01'.

Uit haar keukentje haalt ze een glas water. Steffie loopt haar miauwend voor de voeten. Ze schudt wat brokjes in het bakje van de altijd hongerige poes.

De grote lijnen van haar roman zitten in haar hoofd. Veel kleinere lijntjes trouwens ook al. Jaren geleden las ze een kort verhaal '*The Man Who Wrote Books in His Head*'. De naam van de schrijfster is haar ontschoten. Het ging over een man die tevergeefs jarenlang manuscripten van romans naar uitgevers had gestuurd. Hij liet zich er niet door demoraliseren en bleef verhalen bedenken. Aan nieuwe teleurstellende brieven van uitgevers had hij echter geen behoefte. Zijn romans legde hij schriftelijk niet meer vast, maar hij sloeg ze alleen maar mentaal op. Als Annejet het zich goed herinnerde, kwam het verhaal uit het pre-computertijdperk.

Ze is vastbesloten om dat wat er in haar hoofd zit tot een concreet boek te maken, een boek dat je kunt vasthouden, dat in de winkel ligt, dat andere mensen kunnen kopen en lezen of cadeau doen. Nee, het gaat haar niet om roem of geld, maar om het feit dat ze iets te vertellen heeft en dat ze verdomd graag wil dat andere mensen dat verhaal ook leren kennen. Terwijl ze dat bedenkt – precies bij 'andere mensen', met een klemtoon op de *a* – maakt ze een gebaar waarbij ze haar waterglas omstoot. Scherven, maar gelukkig bijna leeg en in ieder geval geen water over haar laptop.

Hier is ze niet voor gewaarschuwd (of ze heeft die waarschuwing genegeerd): de tweede zin na die eerste lijkt nog moeilijker. De start gaat niet meteen over in een soepele voortzetting. In het notitieboekje, dat ze voor deze invallen bij de hand heeft, noteert ze een aardige metafoor: 'Het was alsof hij snel uit de startblokken kwam, maar vervolgens stil kwam te staan.' Twee keer 'kwam' is natuurlijk niet mooi, maar dat was nu niet relevant.

Hoe laat is het nu? Kwart voor twaalf. Te vroeg voor de lunch. Op één ochtend niet meer dan twintig woorden (ze heeft ze geteld), dat zou wel verdomd weinig zijn. Daarvoor is ze niet twee dagen per week minder gaan werken.

Annejet gaat naast haar bureaustoel staan en doet twintig diepe kniebuigingen. Goed voor de bloedsomloop. Uren achter elkaar in die stoel blijven zitten is verre van gezond voor lichaam en geest. En van die geest moet ze het vooral hebben.

Dan krijgt ze een geweldige ingeving. Stel dat ze er een 'ikboek' van zou maken, dat het hele verhaal zoals ze dat heeft uitgedacht, vanuit het perspectief van een 'ik' wordt verteld? Het zou alles persoonlijker, directer maken, minder afstandelijk voor de lezer. Meteen verandert ze de eerste zin: 'Ik trok de deur van mijn ouderlijk huis achter me dicht en wist dat ik hier nooit meer zou terugkeren.'

Verschillende keren leest ze de zin over, eerst zachtjes, bijna fluisterend, dan hardop, alsof ze een zaal moet toespreken. Ze voelt zich er nog niet echt... hoe zeg je dat ook alweer tegenwoordig? O ja, ze weet het weer... niet echt comfortabel bij. Misschien werd het zo wel erg vaak 'ik'. In de eerste versie stond eerst 'Sanne' en daarna 'ze'. Waarschijnlijk is dat toch beter. Ze verandert de eerste zin terug naar de eerste versie, leest hem nog een paar keer luidop voor en slaat het bestand op.

'Ze', het perspectief in de derde persoon is prima, maar is de zin niet een beetje te kaal, te sober, te uitgebeend. Sanne doet de deur dicht, maar hoe? Doet ze het zachtjes, teder bijna, voorzichtig, of met een harde klap, een bevrijdende harde klap? Ja, dat zou misschien wel goed zijn, want dat tekende meteen haar gemoedstoestand. Annejet verandert de eerste zin: 'Sanne trok de deur van haar ouderlijk huis met een harde klap achter zich dicht en wist dat ze hier nooit meer zou terugkeren.'

'Wist', is dat eigenlijk wel het juiste woord op deze plaats? Is 'besefte' niet beter? En dan in de tegenwoordige tijd! Dat maakt de zin als het ware actiever. Het gebeurt nú. Dan kan die lange flashback, die ze nog op een of andere manier moet inleiden, in de verleden tijd. Ja, stom dat ze daar niet eerder aan heeft gedacht: 'Sanne doet de deur van haar ouderlijk huis met een harde klap achter zich dicht en beseft dat ze hier nooit meer zal terugkeren.'

Annejet zucht. Misschien had ze alle versies moeten bewaren. Daar is het nu te laat voor. Als ze voor de zoveelste keer haar eerste zin hardop leest, realiseert ze zich dat het ook anders kan, zonder dat niet zo fraaie verbindingswoordje 'en'. Snel gaan haar vingers over het toetsenbord: 'Terwijl Sanne de deur van haar ouderlijk huis achter zich dichttrekt, beseft ze hier nooit meer te zullen terugkeren.'

'... nooit meer te zullen terugkeren'... nee, dat loopt niet lekker, ook een beetje saaie woorden direct achter elkaar, te vlak, te gewoontjes, te voor de hand liggend. Misschien moet ze er iets van maken als '... hier nooit meer een stap over de drempel te zetten.'

Drie jaar, zeven maanden, een week en vier dagen later

Iedereen is er. Vrienden, familie, mensen van de uitgeverij, haar voormalige schrijfdocent, een enkele journalist, een paar mensen uit de literaire incrowd, Annejets literair agent. De drank en de hapjes staan klaar. De redacteur houdt een korte inleiding, waarin ze benadrukt dat het niet vaak gebeurt dat een debutant zo'n interessant manuscript inlevert. 'Vanaf de eerste zin was ik geboeid.'

Daarna krijgt Annejet het woord. Ze schraapt haar keel, neemt een slokje water. Dan bedankt ze eerst iedereen die haar op een of andere manier heeft geholpen, haar schrijfdocent, haar agent en iedereen die haar heeft gestimuleerd om haar roeping te volgen en door te gaan met schrijven. 'En om een indruk te geven van mijn boek zal ik het korte eerste hoofdstuk voorlezen, dat jullie hopelijk nieuwsgierig maakt naar de rest. "Toen Sanne na ruim drie jaar afwezigheid haar ouderlijk huis betrad, kon ze nog geen vermoeden hebben van wat haar te wachten stond..."'

'Je was een beetje dom.'

Oranjetaal: van Wilhelmina tot Amalia

'Ik stel er prijs op u zelf mede te delen dat ik zojuist mijn troonsafstand heb getekend ten behoeve van mijn dochter Juliana. Ik dank U allen voor het vertrouwen dat gij mij vijftig jaar lang hebt gegeven. Ik dank U voor de toegenegenheid waarmede gij mij steeds hebt omringd. Met vertrouwen zie ik de toekomst tegemoet onder de zorgende leiding van mijn innig geliefde kind. God zij met U en de koningin en ik acht mij gelukkig met U allen te kunnen uitroepen: Leve onze koningin! Hoera! Hoera! Hoera!'

Deze tekst sprak prinses Wilhelmina uit op het balkon van het Paleis op de Dam in 1948. Haar stem klonk plechtig, gedragen, terwijl haar laatste uitroep er bepaald niet spontaan, maar eerder wat stijfjes en onwennig uit kwam. Opvallend zijn voor ons, meer dan zeventig jaar later, vormen als *mede te delen*, *waarmede* en *gij*, typische schrijftaalvormen uit de hogere klasse. Het woord *toegenegenheid* ('affectie') klinkt ook ouderwets; het is al lang niet meer opgenomen in de *Grote Van Dale*. Op de formulering van de eerste zin is nog wel iets aan te merken. Hoe kan Wilhelmina de troonsafstand hebben getekend? 'Troonsafstand' is een abstract begrip en dat kun je niet tekenen, zoals je het document waarin de troonsafstand is vastgelegd wél kunt tekenen.

Zogeheten spontane of natuurlijke spraak van Wilhelmina is nauwelijks beschikbaar. In het bovenstaande fragment klinkt ze bijna emotieloos en daarbij past uitstekend dat stijve driemaal *Hoera!* aan het eind.

Van Wilhelmina's dochter Juliana is veel meer taalmateriaal voorhanden en in een interview met Maartje van Weegen toont zij ook haar emoties (MvW is Maartje van Weegen, J is Juliana en B is haar echtgenoot, prins Bernhard):

MVW: Maar u mocht toch nooit tegengesproken worden? Eigenlijk...

J: (interrumpeert, duidelijk verontwaardigd) Da's niet waar... da's niet waar (met opgeheven wijsvinger). Nu zal ik u 's wat zeggen.

B: Nee, dat is niet waar. Daar ben ik mee eens. Dat kan niet...

J: (interrumpeert) Dat heb ik nooit gehoord, dat heb ik nooit gezegd. Mag ik even spreken?

B: Dat zijn...

J: (interrumpeert) Mag ik even spreken? En als iemand ooit het grapje maakte 'Ik mag niet "nee" tegen u zeggen', dan werd ik écht kwaad. Dan zeg ik: dat is iets wat ik nooit geweten heb en dat wrijft u mij aan en dat is zó geméén (deze laatste twee woorden gaan vergezeld van twee klappen op de salontafel).

Juliana laat zich overduidelijk meeslepen door haar emoties, waar haar taalgebruik onder te lijden heeft. In plaats van 'dat heb ik nooit gezegd', zegt ze eerst 'dat heb ik nooit gehoord', en 'dat is iets wat ik nooit geweten heb' klinkt ook nogal vreemd. Verder hoor je bij Juliana echte spreektaalvormen, zoals 'da's niet waar' en 'nu zal ik u 's wat zeggen'. Dergelijke varianten komen ook (door mij gecursiveerd, RA) voor in andere stukjes, zoals het volgende: 'Overigens heb ik grondig het land aan *kouwe* drukte en aan pompeus gedoe en als iemand denkt me daarmee een plezier te doen, dan denk ik wel *'s, 't* is eigenlijk nogal grievend dat je zo over me denkt, *hè*?' Verderop in het interview komt ook het woord *verkouwen* voor.

In de taal van prins Bernhard is altijd het Duits hoorbaar gebleven. Hij had het eerder over *main frau* dan over *mijn vrouw* of *mijn echtgenote*. Nog enkele voorbeelden van Duitse invloed:

- Daar ben ik mee eens. (Duits: 'Damit bin ich einverstanden', een element als *het*, dat verplicht is in het Nederlands, ontbreekt.)
- Ik heb dus mijn hele leven gewerkt en nadat ik hier ben gekomen, laten we stellen na den oorlog, want in den oorlog was er een apart soort spanning. (De naamvalsvorm van het lidwoord – *den*, met een duidelijke /n/ aan het eind – is vermoedelijk terug te voeren op het Duits.)

Bernhard liet zich ook een enkele keer van zijn 'platte' kant zien, bijvoorbeeld in de volgende zin over mensen die kwalijke dingen over hem gezegd zouden hebben: 'Je gaat over het algemeen niet naar de rechtbank lopen of je kunt iemand niet in z'n smoel slaan.' Daarbij lijkt 'in z'n smoel slaan' ook weer door het Duits beïnvloed, waar de informele variant luidt: 'in die Fresse schlagen'. Daar zal dat *in* vandaan komen, want in het Nederlands sla je immers iemand niet *in*, maar *op* z'n smoel, ook als je de echtgenoot van de koningin bent.

De volgende generatie

In februari 2013 begint koningin Beatrix de tv-toespraak waarin ze haar aftreden aankondigt als volgt: 'Zoals u allen weet hoop ik over enkele dagen mijn vijfenzeventigste verjaardag te vieren. Ik ben dankbaar dat het mij gegund is deze dag in goede gezondheid tegemoet te gaan.' Zoals in al haar officiële optredens klinkt Beatrix beheerst en spreekt ze keurig Nederlands, zeer keurig, waarin de constructie met 'dat het mij gegund is' uitstekend past. Alle woorden worden duidelijk gearticuleerd alsof ze allemaal even kostbaar zijn. De term is enigszins in onbruik geraakt – zeker onder taalkundigen, die het liever over het neutraal klinkende 'Standaardnederlands' hebben – maar Beatrix spreekt werkelijk Algemeen *Beschaafd* Nederlands. Er wordt weleens gezegd dat ze 'bekakt' praat, maar dat is zeker niet het geval. Een woord als *veurzitter* zou nooit over de haag heur tanden komen. Het valt wel op dat er zelfs in zo'n kort, duidelijk voorbereid stukje nog een vreemde zinswending staat, namelijk dat het haar gegund is de dag van haar vijfenzeventigste verjaardag 'in goede gezondheid tegemoet te gaan'. Is het echt goed Nederlands om te zeggen 'Ik ga mijn verjaardag in goede gezondheid tegemoet'? Moet dat niet eerder zijn: 'Ik hoop mijn verjaardag in goede gezondheid te vieren'?

Beatrix' taal lijkt in de loop der tijd weinig veranderd. Alleen de tongpunt-*r* uit haar jeugd is vervangen door een sterk rollende huig-*r*. Ze sprak altijd weloverwogen, rustig, zoals in een interview uit 1980 met Ad Langebent, die een vraag stelt over de 'nieuwe landgenoten'. Zal Nederland de toename van het aantal Nederlanders met (in het huidige jargon) een migratie-achtergrond aankunnen? Dit is Beatrix' antwoord: 'Het is een nieuw probleem voor ons. We hebben nog nooit in Nederland zoveel mensen van verschillende nationaliteiten, van verschillende culturele achtergronden… eh, gehad binnen onze grenzen. Dat we ons als samenleving daarop moeten instellen, ons daaraan moeten aanpassen, dat is inderdaad ook een nieuw probleem.' Tot zover zegt Beatrix nog niet veel nieuws, want ze begint met 'een nieuw probleem' en ze eindigt met 'een nieuw probleem'. Het lijkt erop dat ze een omtrekkende beweging maakt om een werkelijk antwoord nog even voor zich uit te schuiven. Langzamerhand komt ze tot de kern, die ze rustig, maar nog altijd op een formele toon onder woorden brengt: 'Ze komen met andere achtergronden hier binnen, met andere verwachtingen, met andere leefgewoontes, ze brengen zelf veel mee, daar moeten wij voor openstaan, we moeten ook dat serieus nemen, ook daar serieus naar kijken. Wij verwachten wel dat zij zich bij ons aanpassen, dat zij zich maar invoegen in onze maatschappij en ik vind dat wij daar samen wel iets tegenover kunnen stellen, anders wordt het een groot probleem.' Hieruit valt op te maken dat volgens Beatrix ook autochtone Nederlanders zich moeten aanpassen aan de nieuwkomers. Opvallend genoeg riep deze uitspraak lang niet zoveel rumoer op als later Máxima's, door sommigen fel bekritiseerde opmerking dat dé Nederlandse cultuur niet zou bestaan, dat zij haar tenminste niet gevonden had.

In een min of meer spontaan interview op Saba in 2019, na de verwoestende orkaan Irma, is een iets andere Beatrix te horen. Ze heeft het onder meer over 'een *goeie* start' voor de eilanden. 'Als ik hier met iedereen een klein beetje probeer te steunen die zo zijn best doet om ook gehoor te krijgen, maar ook na de storm de boel weer op te bouwen en alles... eh, weer... eh, ja, positief te benaderen, dat is, dat geeft zoveel inspiratie en dat is één van de redenen waarom ik heel graag hier kom en het blijft ook heel leuk, en, nou ja, met fantastische mensen die hier de, ja, de scepter voeren, maar... eh, ik heb ook een heel belangrijk en goed programma... nou, ik kan alleen maar zeggen: voor mij is het altijd een hele, hele grote vreugde.' De zinnen lopen niet allemaal goed, ze hapert nogal eens, gebruikt de typische spreektaaluitdrukking *nou ja* en heeft het over *de scepter voeren*. Dat laatste is (zeker voor een vorstelijk persoon) een mooi voorbeeld van een foute samentrekking: correct zijn uiteraard *de scepter zwaaien* en *het bevel voeren*.

Net als haar moeder sprak Beatrix elk jaar via de televisie de natie toe met kerst. Hieronder de beginzin van enkele van die toespraken:

- Kerstmis, het feest van leven en licht in duisternis, inspireert tot overdenken en kan ons zo uittillen boven de bezorgdheid van alledag. (2004)
- In de duisternis van onze wereld is een licht opgegaan, dat zien we in de geboorte van het kerstkind. (2006)
- Met Kerstmis gaat Gods licht op over onze wereld en de duisternis heeft die niet overwonnen. (2012)

Inhoudelijk, ook bij andere kersttoespraken, is er niet veel verschil, alleen de vorm varieert enigszins. Bij de toespraak uit 2004 kun je tegenwerpen dat overdenken juist de bezorgdheid over het alledaagse leven zou kunnen doen toenemen. Verder is het meestal weer zeer goed gearticuleerd, in keurig Nederlands onder woorden gebracht, afgezien van het feit dat *Kerstmis* steeds wordt uitgesproken met een zogenaamde stomme /e/ oftewel sjwa in de tweede lettergreep: *Kerstmes*. Een andere spijker op laag water betreft *die* in de toespraak van 2012; dat kan alleen verwijzen naar *Gods licht*, en dan had het *dat* moeten zijn.

Tijdens de persconferentie in 1965 waarop de verloving van Claus von Amsberg en prinses Beatrix bekend werd gemaakt, liet Claus meteen horen dat zijn taaltalent toen al dat van zijn schoonvader prins Bernhard ruimschoots had overtroffen: 'Ik ben blij dat ik mijzelf mag voorstellen als de verloofde van prinses Beatrix.' Er was slechts sprake van een licht Duits accent. *Blij* bleef gewoon *blij* en werd niet *blai*, alleen de /z/ in *mijzelf* ging de richting van de /s/ uit. Bij de bekendmaking van de verloving van zijn zoon Willem-Alexander met Máxima in 2001 was hij uiterst bescheiden, in feite te bescheiden, over zijn eigen Nederlandse taalvaardigheid: 'Voor mij, als ik bij deze gelegenheid terugkijk op de verloving of de verlovingstijd van mijn vrouw en mij, komt mij in de herinnering terug dat ik toen heb gehoord en wat ik ook Máxima heb aanbevolen: leer zo snel mogelijk Nederlands. Dat heeft ze gedaan en ze heeft het op een manier gedaan die niet te vergelijken is met het gestumper dat ik toen heb gepresteerd.'

Claus formuleert rustig, bijna bedachtzaam. Van *gestuntel* heeft hij *gestumper* gemaakt, misschien een combinatie van *gestuntel* en *stumper*. Nog altijd is er een Duits accent te horen, maar dat is steeds lichter. De frase 'komt mij in de herinnering terug' klink vreemd in het Nederlands. Daaraan zou weleens 'kommt in mir die Erinnerung zurück' ten grondslag kunnen liggen. In het huidige Duits klinkt dat wat formeel en plechtstatig, maar in de tijd en zeker binnen de sociale klasse waarin de jonge Claus von Amsberg opgroeide, was dat een normale manier van uitdrukken.

Hoe de moedertaal soms op een subtiele manier het taalgebruik van tweedetaalverwervers kan beïnvloeden laat een passage uit een interview uit 1986 zien. Daarin ging het over de problemen die veel Nederlanders hadden met het huwelijk van de kroonprinses met een Duitser. Claus zegt dan te begrijpen dat sommige mensen hem moeilijk konden *aanvaarden* als echtgenoot van de aanstaande koningin. Moedertaalsprekers van het Nederlands zouden hier eerder *accepteren* zeggen en niet *aanvaarden*, maar voor Claus speelde vermoedelijk mee, dat hier in het Duits *akzeptieren* passend zou zijn, en dat hij daarom, al of niet bewust, het Nederlandse *accepteren* vermijdt omdat het 'te Duits' zou klinken.

Willem-Alexander en Máxima

Willem-Alexander is en was een weinig bijzondere taalgebruiker, in ieder geval profileert hij zich niet als een koninklijke, eerder als een gemiddelde spreker van het Nederlands. In 1993 wordt hij geïnterviewd, onder meer over zijn deelname aan de Elfstedentocht in 1986. Daar zegt hij het volgende over: 'Toen met de Elfstedentocht toen zat ik in dienst, ik had er niet voor getraind... Dan moet je toch af en toe eens bij jezelf gaan denken waarom ben ik hiermee bezig en dan denk ik van waarom zit je nou te zeuren? Als je zes dagen lang op Texel met boten met kettingen door de modder kan sleuren dan kan je die ene dag op het ijs ook wel volhouwe.'

Al in het begin gebruikt Willem-Alexander een typische spreektaalconstructie met het herhaalde *toen*: '*Toen* met de Elfstedentocht *toen* zat ik in dienst...'. Hij *denkt* ook niet waarom zit je nou te zeuren, maar hij *denkt van* waarom zit je nou (niet *nu*!) te zeuren. Het *volhouwe* is vergelijkbaar met het *verkouwen* van zijn oma, koningin Juliana. Verder valt op dat hij zegt 'je (...) kan sleuren' en 'kan je die ene dag' in plaats van 'je kunt sleuren' en 'kun je die ene dag', de correcte standaardtaalvormen, waar zoals bekend de meeste mensen zich weinig aan gelegen laten liggen. De (tegenwoordige) koning maakt ook nogal eens gebruik van *enne* als verbindingswoordje. De volgende zin gaat over het feest in Sevilla waar hij Máxima voor het eerst ontmoette: 'We waren daar met zestien mensen uit ongeveer hetzelfde aantal landen enne we kwamen gewoon samen daar voor een lang weekend enne daar hebben we elkaar ontmoet.' Overigens is er, ook in het latere taalgebruik van Willem-Alexander niets te merken van enige invloed van het plat Haags, zoals wordt gesuggereerd in de *Willy-video's* van Sander van de Pavert.

In 1993 werd Willem-Alexander ook gevraagd naar de ziekte van zijn vader, die ernstige depressieve klachten had. 'In eerste instantie... was hij er niet meer. Hij was weg in klinieken en is de afwezigheid het... de grootste druk die je hebt. En daarna... toen het weer beter ging, kwam hij weer terug in het gezin, wat natuurlijk een gigantische druk op ons gezin gelegd heeft.'

Willem-Alexander spreekt bedachtzaam, pauzeert vaak alsof hij naar de juiste woorden zoekt, wat ook blijkt uit 'het... de grootste druk'. Wel gebruikt hij dus twee keer het woord *druk*, die de ene keer *de grootste druk* is en vlak daarna *een gigantische druk*.

Als Willem-Alexander in het nauw gebracht wordt, wil hij nog weleens warrig praten, zoals in het volgende fragment. Het gaat hier om de vader van Máxima, papa Zorreguieta, die 'fout' was in de tijd van het Argentijnse kolonelsregime en over wie veel discussie ontstond ten tijde van de bekendmaking van de verloving van Willem-Alexander en Máxima. Voor de televisie, omringd door journalisten, zegt de duidelijk niet op zijn gemak zijnde Willem-Alexander dan het volgende:

> Ik heb de schrijvende pers net verwezen naar een ingezonden brief in een Argentijnse krant waar tegengesproken wordt dat... eh, er überhaupt gesproken is waar in dat boek vermelding van wordt gemaakt waar nu die commotie over is. Dat is een open bron waar iedereen naar... eh, kan teruggrijpen en ik wou gewoon de Nederlandse pers er even op wijzen dat die open bron aanwezig is.

De ingezonden brief bleek naderhand, pijnlijk genoeg, van de hand van ex-dictator Jorge Videla te zijn. Nog twee kanttekeningen: zoals andere citaten eveneens laten zien, gebruikt Willem-Alexander heel vaak het stopwoordje *gewoon*. Verder voegt hij ook af en toe het volstrekt betekenisloze *eigenlijk* in, bijvoorbeeld bij een interview met Wilfried de Jong ter gelegenheid van zijn vijftigste verjaardag. Hij staat met De Jong in de bibliotheek en zegt dan: 'We hebben eigenlijk ervoor gekozen om hier boeken neer te zetten die we niet dagelijks gebruiken.' (Zie voor *gewoon* en *eigenlijk* ook pagina's 119-122.)

Onze huidige koning is ook een gretig gebruiker van *je* in plaats van *ik*, alsof hij daarmee zijn ervaringen een meer algemene geldigheid zou willen geven, terwijl ze toch heel specifiek zijn. In het interview dat vlak voor de troonswisseling in 2013 werd afgenomen, stelde Rick Nieman de vraag of Willem-

Alexander niet liever nog een jaar zou hebben gewacht met het bestijgen van de troon. 'Nee, hoor, want... eh, je merkt toch dat je... eh, terughoudend bent met het aannemen van bepaalde uitnodigingen, dat je geen nieuwe uitdagingen aangaat op het gebied van water of andere dingen waar ik voor uitgenodigd word. Je weet gewoon, ik kan het niet waarmaken naar die mensen, ondanks dat ik het niet kan zeggen waarom.' Afgezien van 'uitdagingen op het gebied van water' en 'waarmaken naar die mensen', springen de wisselingen van *je* en *ik* in het oog. Ze lijken veel op de wisselingen die voetballers in interviews vaak laten horen: 'Ja, je komt er dan in in de tweede helft en dan scoor je de winnende goal en dat vond ik natuurlijk magisch!'

Gezien zijn positie is het begrijpelijk dat Willem-Alexander, zeker bij onderwerpen die daar om vragen, zeer serieus is, maar hij is niet vies van een lichte toon en een grapje hier en daar, zoals in het bovengenoemde interview als hem wordt gevraagd waarom hij 'Koning Willem-Alexander' wil worden genoemd en niet 'Koning Willem IV'. 'Je bent geen nummer,' antwoordt de aanstaande koning dan met een klein lachje: 'Willem IV, ja, staat naast Bertha achtendertig in de wei.' Misschien was dit een ingestudeerd grapje, maar de koning kan wel degelijk ironisch uit de hoek komen. In een interview vertelde hij over zijn dochters dat ze op hun tiende een mobieltje kregen, 'maar op vakantie gaan ze uit en 's avonds gaan ze uit'. Dan volgt een korte pauze, waarna hij glimlachend zegt: 'Dit is de theorie, hè?'

Ten slotte de kersttoespraken. In zijn eerste kersttoespraak in 2013 begint hij als volgt: 'In de gejaagdheid van het dagelijks leven, vaak gericht op het hier en nu, is kerstmis een rustpunt, een moment van bezinning op ons bestaan en op onze relatie met anderen, dichtbij en verder weg.' Pas na deze zin laat hij het licht, dat zo prominent was bij zijn moeder, ook schijnen: 'Juist met kerst, toch het feest van het licht, worden we herinnerd aan persoonlijk verlies en verdriet.' Terzijde: bij Willem-Alexander is het echt *Kerstmis* met een korte /i/. In volgende jaren komt de tegenstelling licht versus duisternis niet meer in het begin naar voren, maar de christelijke introductie blijft vaak, zoals in 2016: 'Hemel en aarde raken elkaar met Kerstmis. Christus, de zoon van God, wordt geboren in een simpele stal. Zijn moeder legt hem te slapen in een kribbe. Engelen verkondigen een boodschap van vrede en hoop op een betere wereld.' De plechtstatige stem kan elke lezer erbij denken.

Op 30 maart 2001 werd de verloving van Willem-Alexander en Máxima Zorreguieta officieel aangekondigd. Tijdens de persconferentie vroeg een journalist aan de kroonprins of hij de opmerkingen over de 'open bron', c.q. de open brief van ouddictator Videla, misschien beter niet had kunnen maken. Willem-Alexander bevestigde dat en voegde er nog aan toe: 'Dat was stom.' Zijn kersverse verloofde nuanceerde dat: 'Je was een beetje dom.' Die glimlachend gemaakte opmerking herhaalde ze nog een keer. De uitdrukking, die vooral ging betekenen 'Dat was oerstom' werd vrijwel direct populair in Nederland. Het bedrijf Art Unlimited bracht eind april 2001 zelfs een oranje ansichtkaart op de markt met in kanjers van blauwe letters: DAT WAS EEN BEETJE DOM. De verontschuldiging van Willem-Alexander over zijn stomme actie scheen hem overigens te zijn ingefluisterd door de toenmalige secretaris-generaal van het ministerie van Algemene Zaken, Wim Kuijken, in feite functionerend als assistent van minister-president Wim Kok.

Máxima, die intensief onderwijs in het Nederlands had gevolgd, blijkt deze voor haar vreemde taal bij die eerste ontmoeting met de pers al behoorlijk goed onder de knie te hebben. Ze valt ook op door haar – zeker in die omstandigheden – spontane, directe taalgebruik. Haar uitspraak van het Nederlands was meteen al uitstekend, met name voor iemand met Spaans als moedertaal. Notoir moeilijk voor Spaanstaligen is bijvoorbeeld de Nederlandse /h/, maar ze zegt keurig 'hij heeft' en niet iets als 'ij eeft'. Natuurlijk was goed te horen dat ze een tweedetaalspreker van het Nederlands is. Zo ging haar *nu* in de richting van *noe* en *mijn vader* schoof op naar *mien vader*.

Sommige eigenaardigheden van het Nederlands zijn voor tweedetaalleerders nauwelijks te ontwijken valkuilen. En ook Máxima viel daar figuurlijk gesproken af en toe in, zoals met de buigings-*e* die aan bijvoeglijke naamwoorden wordt vastgeplakt voor zelfstandige naamwoorden, zoals in 'de moo*ie* tafel' en 'een moo*ie* tafel'. Er is namelijk een vervelende uitzondering: voor onzijdige zelfstandige naamwoorden komt er wel een *e* achter het bijvoeglijk naamwoord als dat wordt voorafgegaan door een bepaald lidwoord ('het interessant*e* boek'), maar niet als het een onbepaald lidwoord is ('een interessant boek'). Sprekers van het Nederlands als tweede taal gaan dan de algemene regel (dus een *e* achter het bijvoeglijk naamwoord) generaliseren, dat wil zeggen: ook toepassen in gevallen waarin dat niet mag. Dus zegt Máxima dingen als: 'een fantastische land' en 'een goeie besluit'.

Lidwoorden laat Máxima nogal eens weg, zoals in: 'Het was eerste keer, dat schaatsen.' Dat ging over het moment waarop Willem-Alexander een huwelijksaanzoek deed op de vijver van Huis ten Bosch, waar hij haar wilde leren schaatsen, een vaardigheid die haar minder goed afging dan het spreken van Nederlands. Het vervoegen van werkwoorden gaat bijna foutloos, ook bij sterke werkwoorden, zoals *gewonnen*, *gelezen* en *genomen*. De zinsbouw is meestal correct, zoals in 'Eerst moet ik naar Brussel om alles af te ronden', terwijl veel sprekers van het Nederlands als tweede taal, zeker in de beginfase iets zouden zeggen als 'Eerst ik moet naar Brussel om alles af te ronden'. Let ook op 'af te ronden'. Scheidbaar samengestelde werkwoorden ('afronden' – 'ik rond af') leveren nu eenmaal veel problemen op. Het zou helemaal niet gek geweest zijn als Máxima iets had gezegd als 'Eerst moet ik nog naar Brussel om alles te afronden.' Wel heeft ze problemen met het ellendige woordje *er*, dat meestal wordt weggelaten. Ze zegt bijvoorbeeld: 'We hebben veel over gelezen en gesproken.' Die weglating is overigens begrijpelijk omdat *er* in dergelijke zinnen niets toevoegt aan de betekenis. Het is de blindedarm van de Nederlandse taal: je hebt er niets aan, maar je kunt er wel last van hebben.

Máxima's woordenschat is meteen al behoorlijk uitgebreid, waarschijnlijk een vrucht van het taalonderwijs dat ze heeft genoten. Met woorden als *gevoeligheden* en *protestantse religie* lijkt ze geen problemen te hebben. Op het huwelijksaanzoek van Willem-Alexander verklaart ze ook '*volmondig* ja' te hebben gezegd.

In de zomer van 2009 werden prins Willem-Alexander en prinses Máxima uitgebreid geïnterviewd, onder meer over de rampzalig verlopen Koninginnedag in Apeldoorn. Daar raasde een kamikazechauffeur met zijn zwarte Suzuki op de bus met de koninklijke familie af. Onderweg reed hij zeven mensen dood voor hij tegen het monument De Naald knalde. De interviewer vraagt of de kinderen van Willem-Alexander en Máxima ook op de hoogte zijn van wat er gebeurd is. De prins begint dan met 'De kinderen hebben het...', maar Máxima ontneemt hem het woord en zegt: 'Ja, ze hebben het gezien, ze hebben het verteld en ze hebben echt heel veel vragen gesteld, en ook op school ook erover gehad, en alle kinderen waren gewoon televisie aan het kijken, en hun vriendinnen hebben het ook gezien.'

Dit fragment maakt duidelijk dat Máxima zich thuis voelt in het Nederlands. Ze praat makkelijk en over het algemeen heel soepel, met relatief weinig fouten. Uiteraard heeft ze veel contact met mensen uit de wereld van politiek en beleid, en ze lijkt de standaardfrasen uit deze wereld goed te kennen. Zo zegt ze op de vraag hoe het na 'Apeldoorn' verder moet met Koninginnedag: 'We moeten nog even wachten tot de conclusies van het rapport naar buiten komen.' Hoe hun vakantie verder wordt ingevuld, wil de interviewer weten; haar antwoord: 'Daar doen we verder geen mededelingen over' – de Rijksvoorlichtingsdienst had het haar niet kunnen verbeteren. Als het gaat over het Oranje Fonds, dat is opgericht ter gelegenheid van hun huwelijk, zegt Máxima dat daarmee 'samenhang en betrokkenheid wordt bevorderd'. Verder heeft ze het in andere interviews over haar *aanjagersrol* en *boegbeeldrol*, over een *bliksembezoek* en over het feit dat ze *betrokken* is.

Máxima's uitspraak is sinds 2001 alleen maar beter geworden. Zei ze in 2001 nog *noe* in plaats van *nu*, in 2013 is het een perfect Nederlandse *nu*. Een enkele keer slechts maakt ze een fout met het woordaccent, bijvoorbeeld als ze het heeft over 'geld overmáken' in plaats van 'geld óvermaken'. Op haar Nederlandse woordenschat is weinig aan te merken. Ze heeft allerlei woorden overgenomen uit de gewone, alledaagse spreektaal. Zo gebruikt ze het woord *absoluut* zoals half Nederland dat tegenwoordig doet, in de betekenis 'zeker'. Geregeld lardeert ze – net als haar echtgenoot – haar taal met *gewoon*. Het hedendaagse Nederlands is ook te horen in haar antwoord op de vraag hoe het voor haar is om met man en kinderen in de Argentijnse vakantieplaats te zijn waar ze vroeger ook vaak heen ging: 'Als ik daar nu ben, vind ik het heerlijk om met mijn man en mijn kinderen dit even te delen.' Let op de overbodige 'vuller' *even* (want ze was niet 'even' in Argentinië, maar twee weken, gedurende de kerstvakantie) en het wat modieuze *delen*.

Een enkele keer worstelt Máxima nog weleens met de zinsbouw: 'Ik denk dat mensen zijn ontzettend lief met mij,' waarin *tegen* ook beter op zijn plaats zou zijn geweest dan *met*. Voorzetsels blijven lastig. Intussen kan Máxima zich vaak uitstekend redden in tamelijk ingewikkelde zinnen, zoals: 'Ik geloof heel erg dat als mensen de juiste instrumenten hebben, dan kunnen ze zichzelf redden.' En het vermaledijde *er*? Soms doet ze het goed, zoals in: 'We hebben nog tijd om er goed over na te denken', maar een volgende keer ontbreekt het woordje weer: 'Ik wil heel graag zien wat allemaal gebeurt.'

Máxima is actief op het gebied van micro-kredieten voor kleine ondernemers in derdewereldlanden. Een verslaggever informeerde of haar ervaringen positief waren. Haar antwoord

geeft een mooie indruk van haar Nederlandse taalvaardigheid:

> Ja, zeker, ja, ik was nog nooit in Oman geweest, bijvoorbeeld. En ik heb gewoon heel veel van dit land geleerd en het was heel leuk om met mensen te praten en het was fantastisch om met vrouwen te praten. Ik had bijvoorbeeld het idee dat vrouwen niet zoveel toegang hadden tot werken of studeren en ik ga terug naar Nederland met het idee dat die vrouwen hier gewoon ontzettend ambitieus zijn.

Het lange interview dat Matthijs van Nieuwkerk in mei 2021 met haar had ter gelegenheid van haar vijftigste verjaardag was (voorlopig) de laatste geschikte mogelijkheid om haar Nederlands nader te analyseren. Dat leverde onder meer het volgende op:

- Ze gebruikt verschillende Nederlandse uitdrukkingen, zoals in 'Vijftig worden, dat is niet niks.' Over het kiezen voor een gezin: 'Huisje, boompje, beestje.' Nadat de interviewer haar een cadeautje had overhandigd: 'Het had niet gehoeven.' En 'Het is niet anders' en 'Hoge bomen vangen veel wind' als uiteindelijke conclusie over de commotie die was ontstaan naar aanleiding van een vakantiereis naar Griekenland in coronatijd. Met 'Ik vind het hartstikke moeilijk om over mezelf te lezen', liet ze horen ook zo'n alledaags woord als *hartstikke* te kennen en te gebruiken.

- Sommige infrequente woorden kent ze nog niet. Van Nieuwkerk zei dat Willem-Alexander op een bepaalde foto 'schalks' keek. Dat woord bleek niet tot Máxima's vocabulaire te horen, wat uiteraard niet vreemd is.
- Máxima gebruikt vaak *dan* waar *toen* gebruikelijker is, zoals in 'En dan zeiden ze... enzovoort'.
- *De* of *het* voor een zelfstandig naamwoord en het al of niet gebruiken van de buigings-*e* blijven af en toe moeilijk, zoals in 'Het eerste deel klopt, maar de tweede deel niet.' En in: 'Af en toe heb ik geen tijd om een hele boek te lezen.'
- Natuurlijk schittert *er* soms nog door afwezigheid: 'Die vier schilderijen waren al.' Ook *het*, dat verwijst naar iets wat eerder is genoemd, wil ze nog weleens weglaten, getuige 'Ik kan niet anders uitleggen' en 'Ik gunde hem wel.' Het laatste sloeg op een speedboot van twee miljoen euro die Willem-Alexander had aangeschaft.
- De volgende zin laat zien dat Máxima de zinsbouw over het algemeen uitstekend onder de knie heeft: 'Als je eenmaal echt verliefd bent op iemand en je wil met die persoon iets delen, dan doe je dat met alles wat je hebt.'

Amalia

Van Amalia, de kroonprinses, zijn wel veel foto's en videofragmenten te bekijken, maar er is nog niet veel taalgebruik beschikbaar. In de spaarzame, korte interviews doet ze overduidelijk haar best om goed en vooral positief over te komen. Op Koningsdag 2019 wordt haar gevraagd hoe de dag haar beviel, en ze reageert enigszins krampachtig: 'Nou, het is altijd een enorm feest en ik ben enorm blij dat ik mee mag doen en ik zie er elk jaar weer enorm naar uit.' Amalia begint haar antwoorden vaak met *Nou*, gebruikelijk in de hedendaagse spreektaal. Het valt op dat ze drie keer *enorm* gebruikt, een vooral onder haar leeftijdsgenoten populair versterkend voorvoegsel als *super* ontbreekt, en ze heeft geen rollende /r/ meer, geen tongpunt-r en geen huig-r, maar wat vaak een Gooise /r/ wordt genoemd, een /r/ die nauwelijks meer te horen is, zeker niet in een woord als *enorm*.

Als een interviewer aan Amalia vraagt of het mogelijk is om je voor te bereiden op Koningsdag in verband met de vele spelletjes waar de leden van de koninklijke familie aan mee (moeten) doen, zegt ze eerst: 'Nou, eigenlijk heel weinig.' Dan interrumpeert Máxima haar (dat doet ze gretig, zoals ze ook Willem-Alexander vaak in de rede valt). Na een uitweiding over voorbereidingen, eindigt Amalia met: 'Ik wil gewoon mezelf hier zo goed mogelijk neerzetten en eigenlijk geen showversie van mezelf.' Hieruit wordt ook weer duidelijk dat Amalia verbaal een kind is van haar tijd: *neerzetten* is een modewoord, net zoals *gewoon* en *eigenlijk* hedendaagse stopwoordjes zijn.

Koningsdag 2021 wordt Amalia weer geïnterviewd. December 2021 zal ze achttien jaar worden, waarmee haar staatsrechtelijke positie zal veranderen. Hoe bereidt ze zich daarop voor? 'Ik bereid me voornamelijk voor op m'n eindexamen... eh, dus achttien is nog heel ver weg voor mij... eh, dus ik heb nog niet veel gedachten nog aan toegewijd.' Amalia toont zich nog niet bijzonder op haar gemak in interviews en dat *toegewijd* moet natuurlijk *gewijd* zijn. Alle technische snufjes die haar en de andere leden van de koninklijke familie getoond worden vindt ze wel 'heel gaaf'. Voorjaar 2021 zal ze eindexamen doen en – ervan uitgaande dat ze zal slagen – neemt ze daarna een vrij jaar. Op de vraag hoe dat jaar eruit gaat zien, antwoordt ze als volgt: 'Vooral... eh, de gedachte geen school, dus... eh, maar ik wil nog wel leren, maar niet in de trant van school...' Ze lijkt zich te realiseren dat ze nu tamelijk negatief over het genoten onderwijs is, kijkt ook af en toe even wat schichtig naar haar ouders, en vervolgt met: 'Hoewel ik er wel van genoten heb de afgelopen veertien jaar... ehm, ja, ehm... beetje reizen, de wereld ontdekken, dingen doen die ik misschien over twintig jaar niet meer kan doen...' 'Waar denkt u dan aan?' vraagt de interviewster. 'Eh, stages lopen bij hele gave bedrijven, dat ligt nog niet helemaal vast enne... ja...' Amalia richt haar blik weer op haar moeder. Die zegt: 'Niks is vast, want we zijn afhankelijk van corona natuurlijk.'

Van Wilhelmina tot Amalia betekent onder meer: van een goed hoorbare rollende tongpunt-r tot een bijna niet waar te nemen Gooise /r/, van keurig en statig tot min of meer gewoon Nederlands en van *waarmede* en *toegenegenheid* tot *gaaf* en *neerzetten*.

‘Fuck al die modderfokkers hier op deze modderfokking kutplek.’

Taboe- en scheldwoorden

In de legendarische tv-serie *The Sopranos* kan Tony Soprano vrijwel geen zin zeggen zonder dat daarin minstens één keer het woord *fuck* of *fucking* voorkomt, bijvoorbeeld: ‘Why don’t you grow the fuck up?’ of ‘She’s your fucking problem now.’ Als één van zijn kinderen het voormalige taboewoord een keer gebruikt, is Tony er altijd als de kippen bij met de waarschuwing ‘Language!’ of ‘English!’. Tony’s medewerker Christopher Moltisanti kan er ook wat van. Zelfs de sterkste woordcombinatie die je kunt bedenken, wordt in tweeën gedeeld door *fucking*: ‘*Jesus fucking Christ*!’ roept de bijna permanent getergde Moltisanti dan uit. En als het over de kerstman gaat, zegt hij ‘*Ho, fucking ho.*’ In het Amerikaans-Engels is het zelfs mogelijk een woord als het ware open te breken met behulp van *fucking*, zoals in ‘*He went to Philafuckingdelphia*’.

Er schijnt over de hele wereld meer te worden gescholden of gevloekt, vooral vanwege het geleidelijk wegvallen van het taboe op vulgaire woorden, ook in geschreven taal. Volgens Fieke van der Gucht in een artikel in *Onze Taal* (2020) gebruiken huidige Amerikaanse auteurs bijna dertig keer meer vloeken en scheldwoorden in romans dan in de jaren vijftig. Waarschijnlijk gaat het daarbij vooral om dialogen. Nog een aardig weetje uit het artikel van der Gucht: het oudst bekende scheldwoord dateert van drieduizend jaar geleden; het staat op een Babylonisch kleitablet en betekent zoiets als 'hoerenjong', nog altijd een veelgebruikt scheldwoord in Spaanstalige landen: *hijo de puta*.

De hoge fuck-freqentie van *The Sopranos* wordt ruimschoots overtroffen in een scène uit de tv-serie *Big Little Lies*. Renata Klein, gespeeld door Oscar-winnende actrice Laura Dern, zit met haar echtgenoot Gordon in de auto. (Ja, ik weet het, 'Oscar-winnend' is een regelrechte leenvertaling uit het Engels.) Ze komen net terug van een bijeenkomst waar duidelijk is geworden dat hun bedrijf failliet is. Gordon heeft enorme schulden gemaakt. Maar dat is niet het enige: Renata heeft ook ontdekt dat hij een verhouding had met de kinderoppas. Gordon heeft dan de gore moed om te zeggen: 'I still love you, you know that?' Daarop reageert Renata zo:

> Shut the fuck up for the rest of your fucked up fucking life. Do you hear me? I don't want to hear one fucking word from your fucked up little fucking twerp mouth and why you fucked up, no matter what fucking excuse you come up with, you fucking fuck. Shit... The fucking nanny.

In de Nederlandse ondertiteling zegt Renata het volgende:

> Hou verdomme je kutkop voor de rest van je kloteleven. Hoor je me? Ik wil geen teringwoord meer horen uit je petieterige, verrekte kankerbek over waarom je het hebt verkloot, welke ach-

terlijke kutsmoes je ook verzint. Jij, verrekte klootzak. Shit… De nanny verdomme!

Een enkel *fuck* als inmiddels ingeburgerd leenwoord zou niet hebben misstaan, maar het is duidelijk dat het Nederlandse scheldvocabulaire veel gevarieerder is dan het (Amerikaans-) Engelse. Het begint al met verdomme, de geslachtsdelen doen ook goed mee (combinaties met *kloten*; *kutkop* – had misschien *kuttenkop* moeten zijn) en daarnaast komen in het Nederlands ook ernstige ziektes aan bod, hoewel het frequent voorkomende *klere-* ('cholera'), zoals in *klerelijer*, in dit stukje ontbreekt. In Vlaanderen worden overigens nauwelijks ernstige ziektes gebruikt als scheldwoorden, terwijl daar veel vaker en makkelijker *godverdomme* wordt gezegd of een op het Frans gebaseerde variant: *nondeju* ('nom de dieu').

In Nederland neemt het gebruik van *fuck*, *fucking* en de varianten *fak*, *fok* en *fokking* ook sterk toe, vooral onder jongeren (zie hierover ook pagina 135). De roman *Confrontaties* van Simone Atangana Bekono, genomineerd voor de Libris Literatuur Prijs 2021, getuigt daar ook van. 'Wat de fuck is een romcom?' vraagt het ene personage aan het andere. Met 'Fuck al die modderfokkers hier op deze modderfokking kutplek'. komt Soraya al aardig in de buurt van bovengenoemde Renata Klein. Hoofdpersoon Salomé is mogelijk geïnspireerd door Christopher Moltisanti met een woord dat is opengebroken door *fucking*: 'Ik schreeuw dat ik ze allemaal haat, alle-fucking-maal.'

Zelfs in de relatief keurige wereld van de wijn dringt het voormalige taboewoord door. Zo adverteert Derrick Neleman,

Nederlandse wijnboer in Spanje, voor een rode wijn met de aanprijzing 'Just fucking good wine'.

Maar over het algemeen geldt: andere talen, andere gewoontes. In het Frans zou de monoloog van Renata als volgt kunnen worden vertaald:

> Ferme ta gueule merdique pour le reste de ta putain de vie. Tu m'entends? Je ne veux plus entendre un putain de mot de ta petite bouche de connard ni pourquoi tu as foiré, n'importe quelle excuse à la con que tu inventes, putain de merde. Merde alors... La putain de nounou.

Het Franse repertoire is voor een groot deel beperkt tot *merde* ('stront') en *putain* ('hoer'). Verder wordt *con* ('kut') ook wel gebruikt, en als scheldwoord voor een man wordt daar wel *connard*, dus met het achtervoegsel *-nard*, van gemaakt.

In het Duits gaat het deels anders, hoewel sommige overeenkomsten met het Frans opvallen:

> Halt's Maul und zwar für den Rest deines verfickten abgefuckten Lebens. Hast du mich verstanden? Ich will nichts mehr aus deinem verfickten kleinen Scheissmaul hören und warum du's verkackt hast. Spar dir deine verfickte Scheisse, du Hurensohn. Zum kotzen ... Mit dem verdammten Kindermädchen.

Net als in het Frans geen ernstige ziektes, maar wel veel scheldwoorden in het Duits die te maken hebben met de spijsvertering en de resultaten daarvan; vandaar komt in de alledaagse scheldtaal *Scheisse* veel voor, net als *kotzen* en *Kotze*, hoewel in dit stukje maar één keer. In het Duits is *Kotze* in spreektaal al zo gewoon geworden, dat het nauwelijks meer als een scheldwoord wordt ervaren. Het verschijnt ook als eerste deel van allerlei samenstellingen, die we in het Nederlands eveneens kennen, getuige *kotsmisselijk*.

U bent nu aan het eind van dit achterlijke kloterige kutstukje gekomen. Tegen de lezers die de inhoud ongepast vinden, steek ik een dikke middelvinger op, vergezeld van een welgemeend 'Fuck you!'

(Met dank aan Elisabeth van der Linden en Serife Sanli.)

‘Frank en vrij, want we hadden beiden kind noch kraai, begonnen we bepakt en bezakt aan onze tocht.’

Dubbel en dwars

Na lang wikken en wegen besloten Jan Jaap en ik, vrienden door dik en dun, ten langen leste huis en haard en verder de hele mikmak te verlaten en op reis te gaan. Tenslotte waren we jong van lijf en leden, zonder lek of gebrek en rust roest. Bovendien beschikten we over voldoende pingping na nogal wat financiële hocus pocus, wheelen en dealen, jarenlang uurtje-factuurtje en profiteren van win-winsituaties. We hadden genoeg van de rompslomp van het werk, dat we als puntje bij paaltje kwam ook maar zozo vonden en ons vaak meer lasten dan lusten bezorgde. Zo gewonnen, zo geronnen, realiseerden we ons.

We lieten er geen gras over groeien, maakten op ons kantoor schoon schip en hoewel het weer bar en boos was, vertrokken we al voor dag en dauw. Frank en vrij, want we hadden beiden kind noch kraai, begonnen we bepakt en bezakt aan onze tocht waarop we het zeker niet op een hoeren en snoeren wilden zetten en drank en drugs zouden laten staan. Het was klip en klaar dat we wel lief en leed gingen delen, met raad en daad zouden we elkaar terzijde staan, voor wat, hoort wat was ons devies, en we waren van plan dat met man en macht te handhaven. Ons hele hebben en houwen zat in tassen en geïmproviseerde rugzakken, die meer op een houtje-touwtjeconstructie leken.

We liepen na enkele uren, nog altijd fris en fruitig en zelfs geen ietsjepietsje vermoeid, opgewekt over koetjes en kalfjes, over deze en gene en over ditjes en datjes pratend, af en toe van de hak op de tak springend, door weer en wind over een onbekend terrein, door bos en beemd, met wijd en zijd enkele meertjes en her en der wat heidevelden. We kenden heg noch steg en moesten ons door een wirwar van paadjes een weg banen. Een wandel-Tomtom zou handig zijn geweest. Af en toe klonk het geluid van een koekoek, het fraaie gezang van een tjiftjaf of het gejodel van de wielewaal. Onder het lopen snoepten we wat tumtummetjes en m&m's.

Willens en wetens hadden we ons een beetje hapsnap georienteerd op het gebied, maar het was zo klaar als een klontje dat we alles op haren en snaren moesten zetten om voor donker in de geplande *bed and breakfast* te arriveren, vooral nadat Jan Jaap na een struikeling begon te hinkepinken. Ik had er een hard hoofd in of er wel op onze late komst was gerekend, want na onze e-mail hadden we taal noch teken van de eigenaar ontvangen. Lest best liepen we over een lange lindelaan voor we uiteindelijk op tijd arriveerden, maar het was kielekiele.

De B&B, voorheen een etablissement van naam en faam, was gespeend van elke pracht en praal. Het zag er bepaald niet spic en span uit, eerder vies en voos en het had de tand des tijds zeker niet goed doorstaan. 'Zo, zo, eindelijk,' mompelde de beheerder die ons stokstijf en bleek als een levend lijk stond op te wachten. Hij zei verder dat onze reservering wel wis en waarachtig in kannen en kruiken was, maar we moesten handje contantje betalen.

Maar liefst een tiental kinderen zat hutjemutje in een hoek

van de ontvangstruimte een stuk taaitaai te eten. Eerst leek het rustig, maar dat was slechts schone schijn. Al snel zaten de meesten lamlendig wat te ginnegappen, te flikflooien en met hand en tand hun eigen speelgoed te verdedigen, terwijl een meisje ronddraafde met een walkietalkie. Een ander keek op de tv naar *Buurman en buurman*, terwijl twee meisjes Pim Pam Pet zaten te spelen. Het verschil tussen mijn en dijn leken ze uitstekend te kennen. De een gunde de ander niets: allemaal kinnesinne, gehakketak, één en al kommer en kwel; iedereen was in rep en roer. Ze zaten elkaar achterna met speelgoedpistooltjes en riepen: 'Piefpafpoef, jij bent dood!' Het adagium rust, reinheid en regelmaat gold kennelijk niet onder dit zootje schorriemorrie. Rinkeldekinkel, er sneuvelden een paar glazen met Yogo Yogo-drink.

Eén jongetje was jarig. 'Hieperdepiep hoera!' klonk het, en nog eens 'Hiep, hiep, hiep, hoera!' Hij kreeg een driewielerfietsje, waarop hij meteen keihard en kriskras in de benauwde ruimte zigzag van hot naar her reed, holderdebolder over enkele obstakels, klits, klats, klandere van de ene hoek naar de andere, ondertussen steeds weer 'tuut-tuut' roepend. De moeder was een klein hittepetitje, maar wel een haaibaai van een vrouw, die zich tot nu toe met onbeduidende wissewasjes had beziggehouden. 'Ho!' Ze probeerde op stel en sprong paal en perk te stellen aan het wilde gerace van haar zoontje. Uiteindelijk greep ze het joch bij kop en kont en gooide hem ondanks zijn luide protesten – vergezeld van een grauw en een snauw, maar verder zonder boe of bah – kort en krachtig naar buiten met de woorden 'Krijg nou helemaal het rambam!'. Dat klusje was snel geklaard. Dit was hier kennelijk het nieuwe normaal.

Tegen ons zei de vader zonder te verblikken of te verblozen: 'Kom, kom, al die excuses, al die prietpraat, al die blabla, wat een humbug! Is dat joch nu helemaal hoteldebotel! Hij kent zeker God noch gebod! Voor onze kinderen gaan we door roeien en ruiten, maar dit heeft hij dubbel en dwars verdiend, boontje komt om zijn loontje, dan maar huiliehuilie, eigen schuld, dikke bult. Dit fietsje was een cadeau, maar lief zijn, ho maar, alleen stank voor dank.' Toen het jongetje terug was, zag hij

groen en geel van ellende en klaagde steen en been. Als de wiedeweerga kroop hij in een hoekje. Het was waarschijnlijk een teken des tijds. 'Tjongejonge,' zei Jan Jaap. Het was verbazingwekkend hoe het nolens volens allemaal reilde en zeilde in deze gelegenheid.

Na een vraag van de beheerder vertelden we in geuren en kleuren over onze tocht. We hadden ons verheugd op de aangekondigde, pittige gadogado of couscous, maar er werd een kant-en-klaarmaaltijd geserveerd zonder kersverse ingrediënten en het had kraak noch smaak, bepaald geen spekkie voor ons bekkie. Een wijntje en een trijntje ontbraken uiteraard ook, net als een hassebassie voor de maaltijd. Toch verorberden we het eten tegen heug en meug met huid en haar; binnen tien minuten was alles opperdepop. 's Avonds lagen we hoog en droog op een keihard bed onder een dun, klam dekentje, terwijl het wild en woest stormde en regende. Op een schip zouden we nu met man en muis vergaan. 'Oost west, thuis best,' zei ik tegen Jan Jaap, want het was ons allemaal niet in de kouwe kleren gaan zitten. We stonden voor een duivels dilemma, maar nooit ofte nimmer kwamen we hier meer terug.

De volgende ochtend, bij het krieken van de dag terwijl de zon de hemel in vuur en vlam zette, aanvaardden we, door schade en schande wijs geworden, zonder mitsen of maren de terugtocht.

'Gordon sober op Ibiza?!'

De taal van 'de bladen'

Vorig jaar kopte een weekblad: INSIDER: 'WESLEY EN YOLANTHE DATEN MET ELKAAR!' DOORSTART HUWELIJK LIJKT NABIJ. Vanwege het gebruik van twee voornamen is meteen duidelijk om wat voor type weekblad het gaat: een blad uit het segment van de roddelbladen, ook wel kortweg aangeduid als 'de bladen'. Let overigens op dat '*lijkt* nabij...'; het kan nog alle kanten op en het blad kan er nooit op worden aangesproken onware informatie te hebben verspreid.

Met schreeuwerige koppen brengen de bladen nieuws en vooral pseudo-nieuws over publieke persoonlijkheden, met name film- en tv-sterren, leden van de koninklijke familie en andere (B)BN'ers, dat wil zeggen (Beetje) Bekende Nederlanders. Dat nieuws valt vaak in de ruim bemeten categorie 'leed': echtscheidingen, ruzies, faillissementen, ernstige ziektes, enzovoort. Voor veel mensen heerlijk om te lezen; zo krijgt het eigen, niet altijd even glorieuze bestaan toch wat glans.

De twee pagina's met de kop UIT KONINKLIJKE KRINGEN bevat vier negatieve berichten:

- NOORS KONINGSPAAR ONTDAAN NA RAMP
- SLECHTE VOORUITZICHTEN VOOR PRINS ANDREW

- ZORGEN OM JUAN CARLOS
- CELSTRAF VOOR STELEND PERSONEELSLID BUCKINGHAM PALACE

Daar staat slechts één positief bericht tegenover: PRINSES CLAIRE LIJKT BETER. Hier ook weer *lijkt*. Het is niet helemaal zeker, ze heeft (gelukkig?) misschien toch iets onder de leden. Soms wordt iets positiefs ook direct afgezwakt, zoals over tv-presentatrice Loretta Schrijver: ACHTER HAAR GULLE LACH SCHUILEN SOMBERE PERIODES. Hoe die periodes achter die lach schuil kunnen gaan, wordt helaas niet verder toegelicht.

Zeker de teksten op de cover van 'de bladen' beloven vaak veel meer dan wordt waargemaakt, bijvoorbeeld: BETRAPT: MARK RUTTE ZOALS HIJ WERKELIJK IS. Wie hoopt op een smeuïg inkijkje in het persoonlijk leven van de VVD-politicus komt bedrogen uit. Het zogenaamde artikel met de kop HOE STERK IS DE EENZAME FIETSER? bestaat vrijwel volledig uit een grote foto van Rutte in vrijetijdskleding op de fiets onderweg naar het Catshuis voor het zondagse kabinetsoverleg in verband met de coronacrisis. Vergelijkbare foto's hebben in de meeste kranten gestaan.

Vrijwel alle artikelen zijn kort tot zeer kort, 'leessnacks' zou je kunnen zeggen, voor de liefhebbers daarvan uiteraard. Vrijwel elk stuk(je) bevat veel citaten van betrokkenen, familieleden, collega's of 'vijanden', want als de bladen een vonkje zien, blazen ze dat graag aan tot een fiks vuur. Opiniërende of beschouwende artikelen ontbreken volledig of je zou de bijdragen die over gezondheid gaan daartoe moeten rekenen.

Geen lange zinnen in de bladen, want de lezer mocht eens het spoor bijster raken. Hier een voorbeeld:

> Vanaf het prille begin werd de relatie (tussen prinses Christina en Jorge Guillermo, RA) met argusogen bekeken. Er werd getwijfeld aan de oprechtheid van Jorge's bedoelingen. Gevreesd werd dat het hem meer om haar afkomst ging dan om Christina zelf. Bovendien was Jorge vanuit Cuba naar Amerika gevlucht. Na zijn huwelijk met Christina kreeg Jorge de Amerikaanse nationaliteit.

Leestekens

Wat betreft de vorm is het eerste wat opvalt dat er enorm veel specifieke leestekens worden gebruikt, zoals vraagtekens, vooral in de koppen en intro's bij de artikelen: BETEKENT BOEK RACHEL DEFINITIEVE HAZES-BREUK?, BRENGT VERBODEN NAAKTFOTO MAYWOOD ALSNOG BIJ ELKAAR?, ZIET BEDROGEN SOFIA HAAR JUAN CARLOS OOIT NOG TERUG? De uitroeptekendichtheid is ook bijzonder groot. Veel flinterdunne berichten moeten door een uitroepteken iets belangrijks of heftigs krijgen: OORLOGSMISDADIGER BOOD PIPO DE CLOWN ONDERDAK!, *SEX AND THE CITY* TERUG – ZONDER SAMANTHA!, PAUL MCCARTNEY DUIKT ZONNIG HET NIEUWE JAAR IN! Een enkele keer staat er een vraag- én een uitroepteken: GORDON SOBER OP IBIZA?! En dan gaat het er niet om of de zanger/presentator een sobere, dus simpele levenswijze aanhoudt, maar of hij nuchter is, dat wil zeggen, of hij van de drank en de drugs weet af te blijven.

De bladen hebben een voorkeur voor suggestief puntje-puntje-puntjeproza: 'Met nervositeit kijkt Máxima uit naar dit voorjaar wanneer er meerdere boeken over haar persoonlijk leven verschijnen nu ze op 17 mei vijftig wordt. Tot afgrijzen van de koningin wist een van de auteurs zelfs tot haar meest intieme kring door te dringen...' En in een tussenkop staat: 'Persoonlijke zaken komen op straat te liggen...' Uit een *Story* van enkele jaren geleden komt de volgende zin: 'Geen mens ziet immers de tranen die Máxima eenzaam huilt...' Dit citaat is meteen een aardige illustratie van de volstrekt onzinnige of uit de lucht gegrepen inhoud. Niemand ziet de tranen, de (toenmalige) prinses is eenzaam, maar toch weet *Story* dat ze huilt.

Vooral in de koppen worden veel hoofdletters gebruikt: VRIEND VERDIENT KAPITAAL AAN MAXIME MEILAND, KATJA SCHUURMAN WOEDENDE SPIL IN DORPSRUZIE. Wie het artikel leest, merkt al snel dat deze kop op de cover van het blad (met de omineuze toevoeging 'Grimmige sfeer') volstrekt uit de lucht is gegrepen. Veel mensen in het dorp waar de actrice woont, voeren actie in verband met de geplande verhoging van de IJsselmeerdijk aldaar en zij is een van de velen die protesteren tegen de plannen.

Privé zet ook in artikelen de namen in (vetgedrukte) hoofdletters: 'Het kan verkeren. Zéker bij de veelbesproken weduwe van ANDRÉ HAZES. Terwijl haar kinderen ANDRÉ (26) en ROXEANNE (27) elkaar weer hebben gevonden, ruziet zij met de halve wereld.' Opvallend is ook dat leeftijden steeds worden vermeld.

Droomhuis

De bladen kiezen vaak voor woorden met een hoge emotiewaarde en versterkende bijvoeglijke naamwoorden. Natuurlijk onthullen ze 'geheimen', ook nog 'exclusief', een aanklacht is altijd een 'keiharde aanklacht', een zoen een 'hartstochtelijke kus', een conflict een 'drama', een vrouw is 'beeldschoon', een nieuwe geliefde ontpopt zich als een 'droomman', mensen worden niet zomaar verliefd, maar 'smoorverliefd' en zijn dan ook 'intens gelukkig', ze hebben 'dierbare vriendschappen', laten een 'droomvilla' bouwen, maar gaan net zo goed naar een 'zonovergoten vakantieoord'.

Cliché-uitdrukkingen maken ook deel uit van het verbale gereedschap van de auteurs die schrijven voor *Story* en *Privé*:

- Dat Yolanthe haar hart opnieuw opent voor Wesley, betekent niet automatisch dat ze weer bij elkaar zijn.
- Jaap Jongbloed noemde de breuk met de moeder van zijn kinderen 'een drama'. Toch durfde de presentator zich daarna weer op het liefdespad te begeven. Meerdere jonge vlammen passeerden de revue.
- Het heeft even geduurd maar Georgina Verbaan (40) heeft dan eindelijk de liefde van haar leven gevonden.
- Toen sloeg het noodlot toe...

Ons kent ons

De bladen creëren graag een sfeer van wij met z'n allen, ons kent ons, sterren en lezers als één grote familie, vandaar ook het frequente gebruik van voornamen, zeker op de covers van de bladen: ELLEMIEKE EN SERGIO: WIE WILDE SCHEIDEN?, FAMILIEPERIKELEN – RACHEL WIST NIKS VAN ANDRÉ'S VERLOVING. In de artikelen worden vaak eerst voor- en achternaam genoemd, maar daarna gaan de auteurs over op alleen de voornamen, alsof het goede bekenden van de lezers zijn: 'Zo ging het verhaal dat Barack een affaire zou hebben gehad en dat Michelle dat zou hebben ontdekt.' In een artikel over Máxima (het zoveelste artikel over de koningin) wordt de 'gerespecteerde historicus Gerard Aalders' genoemd als bron. Twee zinnen verder staat er heel amicaal: 'Volgens Gerard heeft de RVD zich inderdaad ingespannen om Máxima's jonge jaren mooier te laten lijken dan realistisch is.'

Story heeft het ook over 'onze bekende Nederlanders', Nederland is 'ons landje' in de bladen; mensen vormen niet een gezin, maar 'een gezinnetje'.

Suggesties

De bladen worden niet voor niets vaak 'roddelbladen' genoemd. Hard bewijs voor hun verhalen is zelden voorhanden. Daarom vallen de auteurs vaak terug op anonieme zegslieden, van wie zelfs het bestaan niet vaststaat. Dat leidt tot frases als de volgende:

- Een ingewijde meldt dat (...)
- Insiders vermoeden dat (...)
- Voor intimi is het geen geheim meer...
- (...) vertelt een vriendin ...
- (...) als we de Duitse pers mogen geloven heeft Máxima gezondheidsklachten.

- Een *Privé*-bron vertelt dat... (soms is het ook een 'zeer goed ingevoerde bron' – denk niet dat de bladen over één nacht ijs gaan)
- Bronnen in het paleis hebben laten doorschemeren dat...

Een enkele keer staat er 'Het heeft er alle schijn van... (dat X en Y uit elkaar zullen gaan)' en de 'naar verluidt...'-constructie wordt ook regelmatig gebruikt. Daarnaast is de 'zou'-stijl zeer geliefd:

- Rachel zal er ook niet aan ontkomen in haar boek duidelijkheid te verschaffen over haar mentale inzinking en de vermeende zelfmoordpoging die ze in 2017 zou hebben ondernomen.
- De minister-president is in het verleden aan zowel mannen als vrouwen gelinkt, maar voor een romance lijkt weinig hard bewijs voorhanden. Toch zou een even bekende als verguisde vrouw nu interesse tonen.

'Weinig hard bewijs' – uiteraard is er geen enkel hard bewijs, maar een paar zinnen verder weet 'de doorgaans goed ingevoerde ondernemer Erik de Vlieger' toch 'een mysterieuze dame uit New York' te noemen. Nieuwsgierig wie dit is? Lees de bladen!

‘Kijkcijfers zijn natuurlijk een dingetje.’

Het belang van een dingetje

Dingetje was ooit de naam van een door Herman Koch bedacht personage: een vrouw van ongeveer veertig jaar, enigszins verward, altijd fel strijdend tegen alles wat burgerlijk is en niet deugt. Het woord *dingetje* slaat traditioneel op een kleinigheid, een frutsel, een snuisterij, een niemendalletje, een prul, in ieder geval op iets kleins, maar tegenwoordig krijgt het juist vaak een tegengestelde betekenis, zoals in: ‘Kijkcijfers zijn natuurlijk een dingetje.’ Hier is *dingetje* niet klein en onbetekenend, maar juist belangrijk, want als die kijkcijfers tegenvallen, moet het programma verdwijnen. Een Utrechtse wethouder merkt op dat ‘geld wel een dingetje is’ bij alle plannen voor de Utrechtse binnenstad, namelijk een dingetje van maar liefst 7,1 miljard euro.

Ariejan Korteweg schrijft in *de Volkskrant*: ‘De sneakers van Kaag zijn een dingetje. Ze draagt ze ook naar partijcongressen en wil graag uitleggen waarom.’ Kortom: niet van belang ontbloot, geen toevallige keuze. Als mensen samen ‘een dingetje hebben’, dan is dat een eufemisme voor een knallende ruzie. Een leraar die met pensioen gaat, schrijft dat hij zijn leerlingen zal missen: ‘Dat afscheid, dat wordt nog wel even een dingetje.’ En boven een column in *Trouw* (21-01-2021) staat: ‘Toch een dingetje: de daders bij alle rellen (tegen de coronamaatregelen, RA) zijn mannen, mannen zijn de daders.'

In deze nieuwe betekenis wordt *dingetje* ook nogal eens gecombineerd met andere woorden. Verschillende zaken zijn tegenwoordig een *mediadingetje* of een *tv-dingetje*. Bepaalde belangrijke kwesties voor een leeftijdsgroep kunnen ook een *generatiedingetje* zijn. Jezelf goed verstaanbaar en helder uitdrukken is in ieder geval een *taaldingetje*.

‘Dus ik dacht van volgens mij gaat het gewoon goed.’

Wat er kan met van

Het tijdschrift *Onze Taal* had jarenlang een rubriek die gevuld werd met ‘taalergernissen’ van lezers. Steevast scoorden daarin zinnen als ‘Dan heb ik zoiets van waarom doet hij dat?’ bijzonder hoog. Waarom niet ‘Ik vraag me af waarom hij zoiets doet’ in plaats van dat vage begin met ‘Dan heb ik zoiets van...’? Wanneer deze constructie min of meer gewoon werd in het Nederlands is onduidelijk, maar in *Onze Taal* werd ze in 1987 al ergerniswekkend genoemd door een lezer. Mogelijk heeft ze vooral wortel geschoten in de zachte sector. Dat vermoeden baseer ik mede op het boek *Dan heb ik zoiets van*, een roman van Paul Beerse (overigens uit 2011), die zich vooral afspeelt in de wereld van de hulpverlening.

De constructie met ‘iets hebben van’ staat in ieder geval ook in het standaardwerk *Algemene Nederlandse Spraakkunst*, als een van de voorbeelden bij het voorzetsel *van*: ‘Ik had zoiets van wat doe ik nog hier.’ Erachter wordt wel toegelicht dat deze zin als informeel geldt. Standaard- of non-Standaardnederlands? Niet te zeggen, maar het is wel een typische spreektaalzin. Hoewel... door het informele taalgebruik in met name digitale media is het moeilijk een scherpe grens te trekken tussen spreek- en schrijftaal. Bovendien wordt schrijftaal steeds informeler (zie pagina’s 173-178).

De ergernissen van veel liefhebbers van het Nederlands hebben er niet toe geleid dat 'heb ik iets van' in onbruik is geraakt. Integendeel, de reikwijdte van de *van*-constructie lijkt zelfs fors toegenomen, zoals de volgende voorbeelden laten zien:

- Dus heel selectief gezocht van nou als we eerst een geschreven interview doen en dan *De Wereld Draait Door*.
- Ik had het idee van ik wil dit heel graag doen.
- Ik ben dus inderdaad ook heel nieuwsgierig van als het eenmaal weer kan, het is wat rustiger, denk ik toch dat de mensen weer allemaal denken van we stappen het vliegtuig weer in (hierin dus twee keer *van*).
- Ik moest ook proberen op spoedcursus van wat er precies aan de hand is.
- Ik vond het toen belangrijk om aan het begin van deze crisis te schrijven van, luister mensen, er is echt veel wetenschappelijk onderzoek naar het gedrag van mensen op dit soort momenten.

Deze zinnen laten zien dat *van* soms optreedt als introductie op een nadere uitleg, zoals 'wat er precies aan de hand is' in het voorlaatste voorbeeld een nadere toelichting is op 'spoedcursus'. In het laatste citaat volgt na *van* een uitwerking van het onderwerp waar de 'ik' over wil schrijven.

Van wordt vooral veel gebruikt na zogeheten declaratieve werkwoorden, zoals *zeggen*, *beweren, vragen*. Zij zei van..., hij beweerde van..., ze vroegen van... enzovoort. *Van* lijkt vaak te functioneren als zogeheten citaatinleider, de spreektaalvariant van de dubbele punt in geschreven taal, ook na woorden als *denken*. Na *van* komt er altijd een nieuwe hoofdzin, zoals na een dubbele punt. Vervang *van* door *dat* en er moet een bijzin volgen, zoals die in het eerste voorbeeld hieronder tussen haakjes is toegevoegd.

- Dan hoor je de hele dag mensen zeggen van het is belangrijk voor je ontwikkeling. (Dan hoor je de hele dag mensen zeggen dat het belangrijk voor je ontwikkeling is.)
- Hij veronderstelde ten onrechte van die lockdown zal wel niet zo lang duren.
- Ik heb met mijn man gesproken en die vroeg van wanneer kom je terug?
- Hij schetste ook van in het ziekenhuis hebben we nog veel problemen.
- Dus ik dacht van volgens mij gaat het gewoon goed.

Voor sommige sprekers is het alsof *van* bijna automatisch wordt opgeroepen bij bepaalde werkwoorden, onder andere bij *denken*, zoals in het laatste voorbeeld hierboven. Verder lijkt *van* af en toe andere voorzetsels te verdringen (zie over voorzetselveranderingen ook pagina's 39-48):

- We zijn allemaal geïnteresseerd van hoe hij reageert (dus in plaats van *in*).
- Als ik ga nadenken van wat er allemaal kan gebeuren onderweg... (in plaats van *over*).
- Het is vooral lastig omdat je moet kijken van wat moet je nu met de scholen (in plaats van *naar*).

Omdat er al een voegwoord staat, is *van* in veel gevallen volstrekt overbodig, zoals in de volgende zinnen:

- Toen mijn vader overleed, heb ik bij de uitvaart gezegd van dat ik er voor mijn moeder wilde zijn.
- Ik vraag me toch af van wat voor invloed dat heeft op de scholen.
- Wij krijgen berichten van dat de rijomstandigheden slecht zijn (hier heeft *van* dus de uitlegfunctie, namelijk van de berichten, maar het zou net zo goed kunnen worden weggelaten).

Kennelijk is het gebruik van *van* sterk ingesleten; het is een stopwoordje geworden. Het voorzetsel vertoont zich – ondanks de ergernis van velen – overal en is moeilijk meer weg te denken uit de alledaagse spreektaal. Alternatief voor het laatste deel van de zin: en ik vermoed van dat het moeilijk nog is weg te denken uit de alledaagse spreektaal.

‘Buine oto tuk gaan, buine oto moet gaasje bijfe.’

Het Nederlands van een taalveroveraar

Nana ui zegt een spreker van het Nederlands. Wat mag dat betekenen? Een nieuw soort ui, een nana-ui? Nee, dit korte zinnetje komt niet uit de mond van zomaar een spreker van het Nederlands, maar uit die van Sander, een jongetje van twee jaar en één maand oud. Het is op dat moment zijn versie van het Nederlands en het betekent zoiets als ‘dit is Sanders trui’ of ‘dit is mijn trui’. Dit zinnetje en vele andere zinnetjes laten zien dat een simpele visie op het leren van een taal, namelijk dat het een kwestie is van zo goed mogelijk – en na verloop van tijd steeds beter – imiteren van volwassen voorbeelden, niet klopt. Sander heeft nooit iemand *nana ui* horen zeggen, ook niet *Sander trui*, het is zijn eigen creatie, een klein stapje op weg naar de gehoopte volledige beheersing van het Nederlands en er zullen nog vele stappen volgen voor hij zo ver is.

Kinderen maken zich de moedertaal eigen in een creatief proces waarin ze permanent bezig zijn de taal te veroveren. Wat ze om zich heen horen, vangen ze op en op basis van dat ‘aanbod’ proberen ze de taal uit, net zoals dat met lopen het geval is: met vallen en opstaan. Het is misschien niet voor niets dat de meeste kinderen rond hun eerste verjaardag beginnen te lopen en dat ze in diezelfde periode hun eerste woordjes produceren. Fouten horen daar dus bij, het zijn noodzakelijke tussenstappen naar volledige beheersing. Niemand heeft Sander ooit *Nana* genoemd, maar jonge kinderen hebben nu eenmaal een opvallende voorkeur voor dat soort verdubbelingen. Een hond is niet voor niks een *wafwaf* en een trein een *tsjoeketsjoeke*, voor Sander was een vogel een *pipi*. Dat kinderen (in de meeste gevallen) een *papa* en een *mama* hebben, is dus ook niet toevallig, net zo min als het toevallig is dat de meeste talen vergelijkbare woorden kennen. Die woorden zijn zeer geschikt voor het zich ontwikkelend taalvermogen. Dat taalvermogen kent eigen regels, die de taalverwerver zich uiteraard niet bewust is.

En dat *ui*, hoe is dat te verklaren? Simpelweg uit het feit dat jonge kinderen heel vaak de eerste elementen of klanken van een woord weglaten, vooral de beginmedeklinkers. *Em* stond bij Sander voor 'tram' en *ijn* voor 'mandarijn'. Ook in samengestelde woorden werden van elk woorddeel de beginmedeklinkers weggelaten, een *ot-eus* was dus een 'snotneus' en *at-oop-oene* waren 'hardloopschoenen'. Opvallend is dat in de taal van volwassenen ook delen van vooral lange woorden weleens worden weggelaten, maar dat het dan juist gaat om het eind van het woord: een asociaal is een *aso* en een bibliotheek de *bieb*. Bij dat laatste woord zou een jong kind altijd *eek* zeggen. Maar dan moeten ouders wel vaak genoeg die instelling samen met het kind opzoeken om voorleesboekjes te lenen. 'Kom, we gaan weer naar de bibliotheek toe.' 'Eek toe,' kun je dan als reactie verwachten, inderdaad de twee woorden (waarvan één deels) aan het eind van de zin.

Toen Sander twee jaar en vijf maanden was, begon hij steeds meer medeklinkers aan het begin van woorden te produceren, zoals in: *Buine oto tuk gaan, buine oto moet gaasje bijfe.* ('De bruine auto is stukgegaan, hij moet in de garage blijven.') Zo'n zinnetje laat meteen een ander bekend verschijnsel zien, namelijk de reductie van zogenaamde consonantclusters (opeenvolgende medeklinkers). *Bruine* wordt *buine*, *stuk* wordt *tuk* en *blijven bijfe*.

Omdat kinderen zoveel weglaten, gebruiken ze vaak dezelfde woorden voor verschillende zaken. Anders gezegd: de woorden zijn dan homoniemen. Toen Sander twee jaar en vier maanden was, had bijvoorbeeld *uig* zowel de betekenis 'vliegtuig' als 'stofzuiger'. Dat was uiteraard verwarrend. Na een korte periode werd *uig* gereserveerd voor 'vliegtuig' en *offe* voor 'stofzuiger'. Maar dat was geen afdoende oplossing van het probleem, want *offe* stond ook al voor 'pantoffel'. Daarom werd het qua klank niet helemaal correcte *ogge* het woord voor 'stofzuiger'. Deze ontwikkeling voltrok zich binnen een maand, en laat goed zien dat het verwerven van een taal niet alleen een kwestie is van constructie, maar vooral ook van *re*constructie. Weer een maand verder werd *ogge* trouwens vervangen door *kofkuige*. Dat woord illustreert meteen een ander kenmerk van de vroege taal van kinderen: klanken aan het begin van lettergrepen worden vaak herhaald. Zo gebruikte Sander *papot* voor 'kapot' en heel lang *kukkie* voor 'stukje'. Ook weer een eigen, zelfbedachte variant, die hij nooit in zijn omgeving had gehoord.

Makkelijke en moeilijke klanken

Er zijn makkelijke klanken (bijvoorbeeld de /m/ en de /p/, ook vandaar *mama* en *papa*) en moeilijke klanken. Dat geldt voor een eerste taal die mensen zich eigen maken en zeker ook voor een tweede taal. Denk maar eens aan de problemen die veel Nederlanders hebben met de correcte uitspraak van de Engelse /th/ in *thing* en de /th/ in *the*: *thing* wordt vaak *sing* en *the* simpelweg *de*.

Zoals voor veel Nederlandse kinderen was de /r/ ook voor Sander een obstakel. Aanvankelijk liet hij de klank altijd weg, bijvoorbeeld in het al genoemde *em* voor 'tram'. Na enkele maanden was *em tem* geworden, maar nog steeds geen spoortje van een /r/. Bij twee jaar en zes maanden was het moment daar, toen werd *tem* dan eindelijk *tram*. Maar toen deed zich iets opvallends voor: Sander ging de /r/ ook gebruiken in plaats van de /l/. Hij zei bijvoorbeeld *Sanne wil inne brote buik srape.* ('Ik wil in mijn blote buik slapen.') Die /r/ in plaats van de /l/ is natuurlijk niet gek; de twee klanken liggen dicht bij elkaar, tenminste als je een zogenaamde tongpunt-r maakt, met de tong tegen het verhemelte; dat is dezelfde positie van de tong als bij de /l/, alleen bij de /r/ trilt de tongpunt en bij de /l/ niet. Denk ook aan de problemen die onder meer Chinezen en Japanners hebben met de /r/, wanneer ze een taal met een /r/ als tweede taal gaan leren. Zo luidt het cliché dat ze *rijst* vaak uitspreken als *lijst* en net als veel andere clichés: het klopt; meestal zijn ze pas na lang oefenen in staat een /r/ te produceren.

Het was overigens net of Sander er zo tevreden over was dat hij een correcte /r/ machtig was, dat hij die klank soms ook gebruikte in plaats van de /n/ of de /w/. Zo werd *snoepje sroepje* en *alletwee* werd *alletree*. Tegelijkertijd was het of de /l/ nog meer terrein verloor. Soms maakte hij van de /l/ een /ng/ en dan werden *lekkere olijven* zomaar *ngekkere ongijve*. Na ruim een maand van 'uitproberen' herstelde het systeem zich. De /r/ was erin opgenomen en /l/, /n/ en /w/ hadden hun rechtmatige plaats heroverd. De keerzijde van de medaille was dat het prachtige woord *fruitketel* voorgoed uit Sanders vocabulaire was verdwenen.

Dit alles maakt duidelijk dat taalverwervende kinderen voortdurend dingen aan het uitproberen zijn. Om het in wetenschappelijk jargon te zeggen: ze stellen hypotheses op, toetsen die en stellen ze weer bij op basis van het taalaanbod dat ze te horen krijgen. Het is niet zo dat ze dat doen naar aanleiding van de reacties van hun omgeving, in de zin van correcties. Sanders ouders verbeterden hem zelden of nooit expliciet. Ze zeiden nooit tegen hem dingen als: 'Nee, Sander, het is niet tem, maar tram, met een r.' Laat staan dat ze hem het correcte woord lieten nazeggen of imiteren. Uit onderzoek naar eerstetaalverwerving blijkt dat in het algemeen ouders jonge kinderen maar heel weinig corrigeren. Ze geven vaak wel een reactie die het kind een goed voorbeeld geeft, dus iets als: 'Ja, dat is een tram.' Als ouders (en anderen die de taal goed beheersen) een negatief commentaar geven, betreft het over het algemeen iets inhoudelijks, zoals 'Nee, dat is een bus'.

Woorden leren

Taalverwerving is voor een groot deel het leren van woorden, het leren van hun betekenis. Die woorden hebben in eerste instantie betrekking op de omgeving van kinderen, op wat hen interesseert. Zoals voor veel kinderen waren voor Sander *mama* en *papa* de eerste woordjes die hij actief beheerste, net als *dit*, Judith, de naam van zijn zus. Let wel, actief. Hij kende die woorden al veel eerder in wat 'de stille periode' heet: de periode waarin kinderen wel veel van een taal oppikken, maar zelf nog niet tot taalproductie komen. In feite blijft passieve kennis, ook in veel latere fases van taalverwerving, altijd vooroplopen, ook bij het leren van een tweede taal. Veel woorden die mensen begrijpen, die dus wel deel uitmaken van hun mentale lexicon, zullen ze nooit en te nimmer zelf uitspreken, dus actief gebruiken. De meeste Nederlanders met een voltooide middelbareschoolopleiding kennen zo'n veertigduizend woorden, maar daarvan gebruiken ze er zelf over het algemeen nog geen tienduizend.

Welke woorden leer je het eerst? Natuurlijk die voor zaken die je interesseren, vandaar dat bij Sander – met zijn grote belangstelling voor vervoersmiddelen – *em* (tram), *us* (bus), *ies* (fiets) en *oto* (auto) al snel tot zijn woordenschat behoorden. In het begin gaat het leren van nieuwe woorden niet zo snel, maar na ongeveer een half jaar wordt de vaart erin gezet. Dat heet wel een spurt in de verwerving van het vocabulaire. Kinderen kunnen dan ook tot gekmakens aan ouders en anderen vragen 'Is dat?' en hup, er kan weer een item aan de woordenschat worden toegevoegd.

Jonge kinderen geven woorden vaak een te brede toepassing; 'overextensie' wordt dat genoemd. Zo gebruiken ze *oma* bijvoorbeeld voor elke vrouw van een zekere leeftijd, zeker als ze grijs haar heeft. Voor Sander had *gisteren* de algemene betekenis 'in het verleden'. Ook voorvallen van een maand eerder waren voor hem *gisteren* gebeurd. Niet precies overextensie, maar wel enigszins vergelijkbaar, was het maandenlange gebruik van eerst *seham* en later *sesam* voor elke driehoekige vorm, onder meer voor sommige verkeersborden. Het duurde even voordat zijn ouders de achtergrond daarvan begrepen: bij de aankondiging van het tv-programma *Sesamstraat* verscheen altijd een driehoekig logo in beeld, dus driehoek = sesam.

Als Sander een woord niet kende, gebruikte hij soms een eigen omschrijving, zoals *chocola die geel is* voor 'vanillevla' en *omhoge broek* voor 'tuinbroek'. Met zo'n eigen woord of omschrijving wilde hij volwassenen nog weleens verbeteren, zoals het volgende dialoogje laat zien.

SANDER: Ik wil kijken waar wc-papiertje is.
VADER: In het riool.
SANDER: Nee, in de buik van de wc.

Kinderen moeten ook leren welke begrippen waarop van toepassing zijn of in welke context ze passen. Het volgende voorbeeld laat dit goed zien. Sander had al veel getallen geleerd, iets over afstanden, en hij kon al redelijk klokkijken. In de kamer waarin hij meestal speelde stond een glijbaan. Daarover zei hij: 'Mijn glijbaan is kwart over negen.' Hij wist dus wel dat 'kwart over negen' een meeteenheid was en hij paste die eenheid abusievelijk toe op de lengte van de glijbaan.

Hierboven bleek het al eerder: een taal leren is ook een kwestie van uitproberen en via vragen de betekenis van nieuwe woorden leren. Zo vroeg Sanders moeder hem een keer of hij gevallen was en hij antwoordde: 'Nee, helaas niet. Wat betekent dat, "helaas"?'

Grammatica: woordvorming

Duizenden woorden moet een kind leren, maar met die woorden moet vaak 'iets' gebeuren, bijvoorbeeld werkwoorden moeten worden vervoegd, en dat is bepaald geen fluitje van een cent (overigens een uitdrukking die jonge kinderen niet zullen begrijpen). Om het simpel te houden: als het gaat om vervoeging kent het Nederlands sterke en zwakke werkwoorden. Bij sterke werkwoorden verandert de 'centrale' klinker in de verleden tijd en (soms ook) de voltooide tijd, dus *geven*, *gaf*, *gegeven* of *kijken, keek, gekeken*. Bij zwakke werkwoorden blijft die klinker gelijk, zoals *leggen, legde, gelegd.*

Bij Sander ging het aanvankelijk prima met de voltooide tijd van sterke werkwoorden, zoals in *zeten* ('gezeten') en *kregen* ('gekregen'), die hij gebruikte rond twee jaar en acht maanden. Net als bij andere kinderen drong het daarna kennelijk tot hem door dat er een regel was voor de vervoeging van (zwakke) werkwoorden. Toen werd het plotseling anders en ging het fout met veel sterke werkwoorden. Rond zijn derde jaar gebruikte hij bijvoorbeeld *ingewrijfd, aangekwaamd* en *ruikte.* Deze periode met afwisselend foute en goede vormen duurde ongeveer twee jaar en die gold ook voor de verleden tijd. Soms verbeterde Sander zichzelf, zoals in: 'Dit waren auto's die ik mee had geneem... eh, mee had genomen naar het restaurant.' Of hij gebruikte de correcte en incorrecte vorm in één zin: 'Weet je, bij de eerste die ik uitkiesde, waren deze kleine vleugeltjes boven, maar later heb ik deze uitgekozen.' (Vier jaar en vijf maanden.) Het is ook allemaal verwarrend, al die regels en al die uitzonderingen. Toen Sander een keer het woord *zegde* gebruikte, ontspon zich het volgende korte gesprekje:

VADER: Wat is het, 'ik zegde' of 'ik zei'?
SANDER: Ik zei.
VADER: Waarom zei je dan toch 'ik zegde'?
SANDER: Omdat mijn mond het dan even niet weet.

'Generalisatie' is een bekend fenomeen in de taalverwerving: een regel wordt dan algemener of breder toegepast dan in de 'volwassen' taal. Zo gebruikte Sander vanaf zijn derde jaar het woord *joun*, waarschijnlijk gevormd naar het voorbeeld van *mijn* en *zijn*. Hij kon ook zeggen: 'Dat is de joune.' Niet gek, het is tenslotte ook 'de mijne' en in *jouw* hoorde hij de /w/ uiteraard niet. Tot zijn vijfde jaar kwam die vorm voor. Nog een voorbeeld: Sander kende de kleur *oranj*. Vermoedelijk zat hierachter dat hij de koppels *rood – rode, blauw – blauwe* enzovoort had geleerd en daaruit generaliserend afleidde dat er dus ook een koppel *oranj – oranje* moest zijn. Een laatste voorbeeld: hij wist al vroeg dat je het enkelvoud van woorden als *honden* en *monden* uitspreekt met een /t/ op het eind. En wat gebeurde er? Hij had het over *restauranden* en *instrumenden*, omdat je in het enkelvoud van die woorden immers ook een /t/ op het eind hoort.

Sander had bijzondere problemen met samenstellingen van zelfstandige naamwoorden en dan vooral met de volgorde van de twee delen. Rond zijn derde jaar begon hij bij sommige samenstellingen de twee delen om te draaien, en dus had hij het over *lichtstop, bussenbrief, sleutelauto's* en *wisseruiters*. Die neiging tot omzetting van de twee delen kwam ook voor bij constructies als *de keuken van de deur* of *om de deur van de hoek*. In zijn vierde levensjaar begon Sander zelf samenstellingen te construeren, zoals in de volgende twee voorbeelden, waarvan zeker het eerste een overduidelijke lacune in het lexicon van het Nederlands vult:

- De auto heeft voorrang en de trein heeft achterrang.
- (In het Dolfinarium, waar een zeeleeuw rondzwemt, wachtend op het voederen.) Hij is aan het wachtzwemmen.

Grammatica: zinnen

Een maand nadat Sander zijn eerste losse woordjes sprak, begon hij al zogenaamde tweewoordzinnen te gebruiken, zoals *nana ad* ('ik wil/ga in bad') en het al genoemde *nana ui*. De eerste driewoordzinnen kwamen weer twee maanden later, bijvoorbeeld *isse mij toel* ('dat is mijn stoel') en *one aas dat* ('dat is gewone kaas'). In zinnen met een werkwoord wordt dat meestal nog niet vervoegd en komt het aan het eind van een zin: *hie sanne kuk zitte* ('hier zit Sander/ik op de kruk').

Negaties komen vrijwel altijd aan het eind van een zin: *eige ak-oek niet* ('dat is niet mijn eigen zakdoek') en *dit mone meeneme nee* ('dit heeft Simone niet meegenomen'). Toen hij twee jaar en vijf maanden was, begon Sander ook bezitsrelaties uit te drukken, zoals *Sanne vanne stoel is* ('de stoel is van Sander'). Hij blijkt dus opvallend consequent: net als bij samenstellingen heeft hij de positie van de twee delen omgekeerd.

Kinderen leren ook de institutionele regels van taalgebruik. Sander zat net een maand op de basisschool toen hij tegen zijn moeder zei: 'Op school moet je je vinger opsteken als je wat wil zeggen, op de crêche niet.' En zijn ook nog sociale regels voor taalvormen, bijvoorbeeld voor het gebruik van *u* en *jij*. Sander (vier jaar en één maand) is met zijn vader, die hij normaal met *jij* aanspreekt, treintje aan het spelen. Zijn vader is de passagier en hij is de conducteur. Hij vraagt: 'Papa, waar moet u naartoe?' De taalverwerving is ook op dit punt nog niet afgerond, want *papa* moet *meneer* zijn, maar *u* is in deze situatie natuurlijk correct.

In slechts één jaar ging Sander van het eerste *mama* en *papa* naar: 'De olifant vindt het niet erg dat ik hem op ga eten, want het is een olifantkoekje.' Hij begon – zoals hierboven al bleek – pas laat te praten, maar op basis van zijn passieve kennis oftewel zijn taalbegrip, haalde hij zijn achterstand in hoog tempo in. Taalverwerving van kinderen kan zich razendsnel en ogenschijnlijk moeiteloos voltrekken. Vaak jaloersmakend voor ouderen, die zich met veel moeite de principes van bijvoorbeeld het Russisch eigen proberen te maken, terwijl ze weten dat ze altijd de mindere taalgebruiker zullen blijven in vergelijking met een zesjarige Vladimir.

'We kunnen het verwachtingspatroon nu nog niet eens neerzetten.'

De opkomst van een werkwoord

In zijn bespreking van Walter Kempowski's roman *Alles voor niets* schrijft Michel Krielaars in NRC onder meer: 'Meestal heeft hij voor één zo'n scène slechts een paar alinea's nodig om iemand genadeloos neer te zetten.' En vijf zinnen verder: 'En dan is er de huishoudster, het "Tantetje" genaamd. Kempowski zet haar onvergetelijk neer als een "ouwelijk vrouwtje"... et cetera'. Het herhaald gebruik van *neerzetten* springt in het oog (en het zou het taalgevoel van de lezer kunnen bruuskeren). De hier geldende betekenis ontbreekt overigens in de *Grote Van Dale*. Waarom schrijft de recensent niet 'karakteriseren', 'tekenen' of 'beschrijven'? Vertaalster Ria van Hengel gebruikt *neerzetten* zelfs in de verder geweldige vertaling van *Brandend Geheim* van Stefan Zweig: 'Waarom deed ze dat, waarom probeerde ze hem steeds als een kind neer te zetten, terwijl hij dat – daar was hij van overtuigd – toch niet meer was?'

'Neerzetten' is sterk in opkomst. Het is een 'algemeen woord' dat voor van alles wordt gebruikt, en in die zin vergelijkbaar met werkwoorden als 'doen', 'gaan' en 'maken'. Een aantal voorbeelden van zinnen met 'neerzetten', met het specifiekere en stilistisch gezien meer voor de hand liggende werkwoord steeds tussen haakjes erachter.

- We kunnen het verwachtingspatroon nu nog niet eens neerzetten (*formuleren*).
- Met 1.45,06 zette hij een nieuw persoonlijk record neer (*vestigen/rijden*).
- Baudet zou worden neergezet als racist en lijdt imagoschade, net als zijn leden en kiezers (*afschilderen*).
- Weet je, een burgemeesterschap zet je niet in twee jaar neer (*ontwikkelen*).
- Omdat de farmaceutische industrie elk kwartaal een resultaat moet neerzetten (*behalen*).
- Door het beeld neer te zetten dat de partij smeekt om zijn aanblijven, zou het voor Kuzu makkelijker worden op zijn schreden terug te keren (*schetsen/presenteren/op te roepen*).
- De manier waarop zijn vistechniek (van prins Charles in de tv-serie *The Crown*) wordt neergezet valt op geen enkele manier goed te praten (*in beeld brengen/tonen*).
- Huizinga was eenzijdig in het neerzetten van zijn tijd (*beschrijven/analyseren*).
- Ze hebben een fantastische prestatie neergezet (*leveren*).
- In de VS is ophef ontstaan over de manier waarop de Amerikaanse *Vogue* coverdame Kamala Harris heeft neergezet (*afbeelden/in beeld brengen*).
- Ramsey Nasr zet op een overtuigende manier Ischa Meijer neer (*spelen*).
- Rutte met zijn fiets, zijn appeltje en zijn straattaal zet zich ook in het debat zorgvuldig neer als Probleemoplosser en Samenwerker, tegelijk een man van het volk en van de elite (*profileren/presenteren*).
- Als je iets wilt neerzetten wat ontzag oproept, waar mensen lang naar kunnen kijken en op reflecteren: fonteinen (*bouwen/ontwerpen*, maar echt neerzetten, dat wil zeggen plaatsen, kan hier ook).

Mensen zetten werkelijk van alles neer terwijl het overal al zo vol staat. Dat wilde ik in dit stukje graag even… Inderdaad.

'"Nu zijn de rapen gaar," zei de kok...'

Figuurlijk en letterlijk

'Het zal me worst zijn, of je nou die laarzen aantrekt of die schoenen met hoge hakken,' zei de slager tegen zijn vrouw.

Die timmerman is een ongelooflijke pietlut, altijd maar bezig spijkers op laag water te zoeken.

'Nu zijn de rapen gaar,' zei de kok, toen de vlam in de pan sloeg en een gordijn in brand vloog.

Die visser weet zich altijd overal uit te praten. Die man is zo glibberig als een paling in een emmer snot.

De kapper werd woedend toen die klant hem met een beledigende opmerking tegen de haren in streek.

De bakker sloeg een boze toon aan tegen zijn dochter: 'En nu geen zoete broodjes meer bakken, want ik ben dat gezeur van je helemaal zat.'

'Heb het hart niet om nog een keer de sleuteltjes te pakken en met de auto te gaan rijden,' zei de cardioloog tegen zijn zeventienjarige zoon.

De tabakswinkelier was wel de sigaar toen er bij hem eerst was ingebroken waarna er ook nog brand was gesticht.

Nadat zijn timmerbedrijf failliet was gegaan, vreesde de eigenaar de komende tijd op een houtje te moeten bijten.

De uroloog voelde zich enorm op zijn pik getrapt toen hem verweten werd dat hij de patiënt onvoldoende had voorgelicht over de ernst van de operatie.

'Waar rook is, is vuur,' dacht de brandweerman toen iemand hem vertelde dat zijn vrouw 's nachts om één uur met een onbekende man was gesignaleerd.

De *MeToo*-affaire met de gebarentolk werd door de directie op een schandelijke manier in de doofpot gestopt.

'Wat een verwaande kwast!' zei de schilder toen hij met het opschepperige gedrag van zijn concurrent werd geconfronteerd.

Opdracht

Maak nu zelf dit soort zinnen met: aap, bier, biet, dijk, fles, geweer, kaas, lamp, mes, poep, roos, school en zee.

‘Nou ja, kijk, gewoon Nederlands zeg maar.’

Nederlandse spreektaal van nu

Op de dag van de Tweede Kamerverkiezingen van 18 maart 2021 vraagt journaalpresentator Astrid Kersseboom aan verslaggever Gerri Eickhof hoe het stemmen vanuit de auto is verlopen en wat hem het meeste opviel. Eickhof antwoordt met: ‘Nou, dat het allemaal zo soepel verliep.’ Als Nederlanders reageren op een vraag lijken ze veelal behoefte te hebben aan een stopwoordje voor ze aan het feitelijke antwoord toekomen. ‘Nou, ze hebben in ieder geval onzorgvuldig gehandeld,’ zegt PvdA-kamerlid Attje Kuiken als een interviewer wil weten wat haar kritiek is op de versoepeling van coronamaatregelen door de regering.

Nou wordt ook vaak uitgebreid. Vooral met het woordje *ja*. De dag na de bovengenoemde verkiezingen vraagt journaalpresentator Jeroen Overbeek aan politiek verslaggever Xander van der Wulp wie de komende jaren een machtspositie heeft. ‘Nou ja,’ antwoordt Van der Wulp, ‘de nieuwe machtspositie van D66 valt natuurlijk het meeste op.’ In hun reacties op vragen beginnen ook gasten in praatprogramma’s ontzettend vaak met *nou* of *nou ja*. Die woorden lijken in de meeste gevallen te fungeren als verbale startmotor. Sprekers moeten nog op gang komen en gebruiken daarvoor die eerste woordjes, die in deze rol nauwelijks of geen betekenis hebben. Zo is er ook iets meer tijd om tot de formulering van een antwoord te komen. In bepaalde gevallen kan *nou ja* echter wel een echte betekenis hebben, om een voorgaande vraag of opmerking te relativeren, te ontwijken of als begin van een weerwoord, zoals in: 'Heb je die boeken nog weggebracht?' – 'Nou ja, dat kan je toch ook zelf doen.' Of in: 'Dus die wedstrijd gaan jullie zeker winnen?' – 'Nou ja, eerst maar eens afwachten hoe het loopt.'

Sprekers breiden *nou ja* vaak uit, zoals in 'Nou ja, kijk eens, hij gedraagt zich enorm kordaat.' en 'Ja, nou ja, kijk, het gaat hier natuurlijk om een kwetsbare groep mensen.' Het opperwezen kan ook worden ingevoegd: 'Nou ja, God, kijk...' Het gebruik van *kijk* is trouwens opvallend omdat er immers niets valt te zien. In sommige andere talen doet zich hetzelfde verschijnsel voor, zoals in het Engels *look* of in het Duits *schau mal*. In het Nederlands zou je overigens eerder 'luister' verwachten, maar dat komt zelden voor en is meestal bedoeld om het belang van de volgende mededeling te benadrukken. 'Ja, luister, dat moet vandaag wel af komen natuurlijk.' Die zin heeft ook een andere lading dan 'Ja, kijk, dat moet vandaag wel af komen natuurlijk.'

Ja en *nee* treden vaak samen op; bevestiging plus ontkenning lijkt dan twijfel aan te geven, zoals in een interview met wielrenner Tom Dumoulin. De verslaggever wil van hem weten of hij denkt de Tour de France te kunnen winnen. 'Winnen is altijd moeilijk,' antwoordt Dumoulin. 'Ja, nee, het kan altijd natuurlijk.'

Ja, nee, ja komt ook nogal eens voor, bijvoorbeeld in het antwoord van Georgina Verbaan als haar gevraagd wordt hoe het repeteren voor een toneelstuk haar bevalt: 'Ja, nee, ja, ik heb nog nooit zo gerepeteerd.' De boodschap lijkt te zijn: het bevalt wel en het bevalt niet en dat geef ik maar aan met *ja, nee, ja*; zo laat ik horen dat ik het moeilijk vind, maar reageer ik toch niet negatief. In het praatprogramma *Op1* gaat het over het al of niet openen van de terrassen in verband met de coronacrisis. Charles Groenhuijsen vraagt aan de voorzitter van de Nederlandse Vereniging van ic's, Diederik Gommers, zijn mening hierover. 'Ja, nee, ja... eh... 't kan pas open als die hoogrisicogroepen en de ouderen beschermd zijn.' Gommers twijfelt over zijn antwoord, vandaar ook de korte pauzes en het *eh*, maar uiteindelijk zegt hij dat het nog niet kan, want op dat moment (2 december 2020) waren de genoemde groepen nog lang niet beschermd door vaccinatie. Het lijkt er ook op dat Gommers de gekwelde horecaondernemers niet rechtstreeks wilde tegenspreken. Opvallend is verder dat *ja, nee, ja* regelmatig is te horen in alledaags taalgebruik, maar *nee, ja, nee* veel minder.

Strooiwoorden

Nou ja en varianten daarop staan meestal in het begin van een gespreksbijdrage, maar daarnaast zijn er veel woorden die als het ware door de taal gestrooid worden. Een van die woorden is *gewoon*. De volgende zin is van Ryanne van Dorst uit haar tv-documentairereeks *Holland*: 'Ik hoop gewoon echt dat dit (bedoeld wordt: de Sinterklaasviering, RA) een feest is waar geen gezeik over is, maar dat er gewoon een oplossing gevonden wordt dat iedereen gewoon mee kan doen, want het is gewoon, het gaat om de gemeenschap toch?' Vier keer *gewoon*, vier keer kan het zonder enig gevolg voor de betekenis van het geheel worden weggelaten. 'Gewoon worden weggelaten' zou ik bijna schrijven. Van Dorst zegt ook dat ze het 'echt hoopt'.

Violiste Janine Jansen werd geïnterviewd door Jeroen Pauw en Paul Witteman. Ze vertelt over haar burn-out: 'Toen kwam er toch gewoon een moment dat ik echt gewoon... gewoon lichamelijk... dat het gewoon niet meer ging gewoon... eh... (interruptie van Witteman: 'Je zat op de bank en...) Ik kon gewoon niet meer echt op mijn benen staan, gewoon duizelig.' Vooral 'dat het gewoon niet meer ging gewoon' illustreert het overvloedige en overbodige gebruik van *gewoon*. Soms lijkt het erop dat een woord mensen als het ware voor in de mond ligt en dan gebruiken ze het meteen heel vaak, zoals *influencer* Famke Louise over de coronamaatregelen: 'Het gaat gewoon om het feit dat er gewoon bepaalde dingen niet kloppen, 't is gewoon de hele maatschappij.'

Mogelijk omdat *gewoon* zo gewoon is geworden, is het woord ook verheven tot merknaam van allerlei producten, van pindakaas tot kattenbakvulling, maar dan iets veranderd: *g'woon*, waardoor het toch weer een beetje speciaal wordt. De website zegt: 'Wat we beloven is g'woon goede producten voor gewone prijzen.' Waarom niet 'gewoon goede producten voor g'wone prijzen' is onduidelijk.

Echt, in de citaten hierboven komt het al twee keer voor, is ook zo'n woord dat sommige mensen te pas en te onpas door hun zinnen strooien en dat gebeurt door sprekers uit alle lagen van de bevolking, zoals door Wopke Hoekstra, minister van Financiën, in een uitzending van *EenVandaag* over Europese steun voor met name landen in Zuid-Europa tijdens de coronacrisis. Nederland kreeg kritiek vanwege zijn zuinige of zelfs vrekkige houding. Hoekstra zei het volgende: 'We vonden het daarnaast wel ontzettend belangrijk om echt goeie afspraken te maken over dat noodfonds, over het ESM, omdat dat echt bedoeld is als laatste redmiddel en daar wil je dan geld kunnen uitgeven op moment dat een land echt in grote financiële problemen komt, maar dan horen daar ook echt hele heldere voorwaarden bij.' *Echt* lijkt bedoeld als versterkend bijwoord; 'goeie afspraken' is kennelijk niet goed genoeg, het moeten 'echt goeie afspraken' zijn.

Er zijn nog twee woorden die met een *e* beginnen en die zeer frequent en vaak overbodig worden gebruikt: *ergens* en *eigenlijk*. 'Ergens ben ik er eigenlijk niet zo tevreden over.' Ergens, waar dan? De grote hausse in het gebruik van *ergens* lijkt trouwens achter de rug; de hoogtijdagen van dat strooiwoord liggen al enkele decennia achter ons. Een fraai voorbeeld van overbodig en frequent gebruik van *eigenlijk* leverde de 'Queen' van het Rotterdamse zomercarnaval in het tv-programma *M*: 'Wij zijn eigenlijk de eerste urban groep die gaat optreden tijdens het zomercarnaval. Dus wij brengen eigenlijk verschillende culturen bij elkaar met verschillende dansstijlen. Die mengen we eigenlijk samen aan de hand van eigenlijk een theatershow.'

Een vrouw die een reis van Amsterdam naar Dakar maakte, zit ook overduidelijk op het *eigenlijk*-spoor als ze na haar terugkeer voor radio daarover vertelt: 'Ik ben eigenlijk de afgelopen zes jaar er eigenlijk voortdurend mee bezig geweest, ja, en ik word eigenlijk nog steeds, eigenlijk als ik de beelden bekijk, vooral de beelden dat we door de Sahara rijden (...), nog steeds raakt me dat enorm.' De volstrekte overbodigheid van *eigenlijk* is zonneklaar in een zinnetje als het volgende: 'Toen kwamen we bij de grenspost voor Mauretanië en toen was de grenspost eigenlijk dicht.' Een hoogleraar 'Neurale netwerken en machine-intelligentie' heeft voor de radio uitleg gegeven over zijn onderzoek naar zelflerende chips en de relevantie daarvan voor de kijk op het menselijke brein: 'Maar het is ook een manier om te begrijpen hoe we zelf eigenlijk in elkaar zitten en dat is eigenlijk één van de dingen waar ik ook eigenlijk heel lang mee bezig ben.'

Natuurlijk wordt ook vaak onnodig gebruikt. Bij het begin van de coronapandemie zei Viroloog des Vaderlands Jaap van Dissel onder meer: 'Het begon natuurlijk aanvankelijk als een uitbraak van longontsteking in het ziekenhuis waar een belangrijk percentage kwam te overlijden.' En over de te nemen tamelijk rigoureuze maatregelen: 'En de reden daarvoor is, is dat het natuurlijk wel een nieuw type virus is.' *Natuurlijk* betekent hier ongeveer 'zoals bekend is', maar het woord zou ook makkelijk kunnen worden weggelaten in beide citaten, net als in het volgende zinnetje van zangeres Patricia Paay: 'Ik woon natuurlijk in Amsterdam.' De vraag is wat daar natuurlijk aan is. Een vrachtwagenchauffeur beantwoordt in het NOS-journaal een vraag over drugsvervoer door zijn beroepsgenoten uit Oost-Europese landen:

> Voor hun zou de verleiding natuurlijk veel groter zijn, omdat hun natuurlijk al maanden van huis af zijn tegen een schamel loontje, wat helemaal niet kan natuurlijk, maar goed zo is het nou eenmaal en daar kennen wij natuurlijk weinig aan veranderen.

Ik bedoel is een frase die door sommige taalgebruikers ook heel vaak door hun Nederlands wordt gestrooid. Normaal – maar wat is in de taal normaal? – gebruikt een spreker *ik bedoel* als hij of zij denkt dat wat hij/zij net gezegd heeft, onduidelijk is voor de hoorder(s). Dan moet er een nadere uitleg volgen, ingeleid door *ik bedoel*. Maar die functie heeft *ik bedoel* in veel gevallen niet meer, zoals in het volgende citaat van violiste Janine Jansen, als Twan Huys haar vraagt de prijs van haar Stradivarius te noemen: 'Ik denk dat ik dat liever niet doe, ik bedoel, het is ook geen groot geheim, ik bedoel, iedereen kan die prijs natuurlijk vinden op het internet, ik bedoel, dat is gewoon, ja, dat is geen geheim.' Neem het eerste *ik bedoel*, daarna volgt geen uitleg of parafrase van 'Ik denk dat ik dat liever niet doe'; dat zinnetje is immers al volstrekt duidelijk.

Een frase die sinds de jaren negentig van de vorige eeuw een enorme opmars heeft gemaakt is *zeg maar*. Oorspronkelijk is het een formulering waarmee een spreker een slag om de arm houdt: ik zeg dit nu wel zo, maar ik weet niet of dit het juiste woord of de correcte uitdrukking is. In betekenis is *zeg maar* vergelijkbaar met *als het ware* en *bij wijze van spreken*, woordgroepen die uit het mondeling taalgebruik lijken te zijn verdwenen ten gunste van moderne varianten; ze duiken vrijwel alleen nog op in geschreven Nederlands, maar ook daarin leiden ze een kommervol bestaan.

Zeg maar is een verkorting van 'zal ik maar zeggen', maar de betekenis is vrijwel volledig weggesleten en de stopfrase wordt bijna willekeurig door de taal gestrooid, zoals in de volgende voorbeelden:

- Nou dan hebben we hier het parkeerterrein zeg maar.
- Dan heb je hier zeg maar de vide.
- Wat u met uw vrouw bespreekt, daar ben ik zeg maar wel benieuwd naar.

Het eerste voorbeeld illustreert al goed het loze gebruik van *zeg maar*. Het gaat immers om een parkeerterrein; dat is de correcte benaming en dus is *zeg maar* volstrekt overbodig. Ook een taalgevoelig persoon als cabaretier/musicus Herman van Veen gebruikt tegenover interviewer Martin Simek veelvuldig *zeg maar* in een gesprek waarin hij vertelt op welke manier hij het podium betreedt. Van Veen legt uit: 'Ik kom op, dan ben ik gesloten zeg maar, tot hier.' En: 'Dus ik geef ze (het publiek, RA) niet vanaf de eerste blik wie ik ben, ik kom versluierd op, zeg maar. Dus ik kom op als het ware zo.' Opvallend is dat het beide keren gaat om woorden die figuurlijk zijn gebruikt, respectievelijk *gesloten* en *versluierd* en die figuurlijke betekenis wil Van Veen kennelijk onderstrepen door er *zeg maar* achter te plaatsen. Dit lijkt nogal overbodig. Niemand ziet een daadwerkelijke afgesloten Van Veen en hij draagt ook geen sluier. Om het figuurlijke aspect extra te benadrukken gebruikt hij ook nog een keer *als het ware*.

Veel sprekers produceren *zeg maar* zo frequent en routineus dat ze het hebben verkort tot *zegma* of *zemma*, waardoor het veel lijkt op het *zehma* uit de straattaal van (vooral) Marokkaans-Nederlandse jongeren, dat afhankelijk van de context zoiets betekent als 'zogenaamd', 'net alsof' of 'ja, het zal wel'.

Onzekerheidsformules

Zeg maar is in essentie een onzekerheidsformule en daar zijn er meer van, onder andere *een soort*: 'Daarna vonden we een soort rust.' Wat is 'een soort rust' anders dan 'rust'? Je eet toch ook geen soort boterham, maar een boterham? Misschien bedoelde de spreker dat ze een zekere mate van rust vond, maar dat zegt ze niet. Vergelijkbaar met een vrouw van ongeveer twintig jaar die zegt: 'Ik voel me echt een soort vijftien.' Daarmee bedoelt ze misschien 'ongeveer vijftien' of 'zoals je je voelt als je vijftien jaar bent'.

Soms lijkt het erop dat mensen een woord dat ze eenmaal gebruikt hebben niet meer los kunnen laten, zoals ook al bij *gewoon* bleek. In het interviewprogramma van Coen Verbraak, *In de beste families, moeders*, kwam onder meer een vrouw aan het woord, die aanvankelijk geen enkele keer 'een soort' gebruikte, maar toen ze het één keer gezegd had, zei ze het vlak daarna nog drie keer:

> Vaak deed ik dan een koptelefoon op met een soort rustgevende muziek. En dan dommelde ik een beetje weg. Op een nacht, dat staat me nog helder voor de geest, dat ik een soort beeld kreeg van een heel klein meisje op een soort kale vlakte, een soort rode, woestijnachtige vlakte.

De toenemende invloed van het Engels heeft geleid tot frequent gebruik van *een soort van*, een leenvertaling van het Engelse *a sort of*. 'Ergens moesten we een soort van vonkje aansteken,' zegt Arjan Lubach als hij het heeft over de inspiratie voor zijn tv-programma, met ook nog 'ergens' als overbodig strooiwoord. Kennelijk onderscheidt Lubach verschillende soorten vonkjes of (waarschijnlijker) hij bedoelt dat *vonkje* figuurlijk moet worden geïnterpreteerd, net als iemand die zegt dat je in het leven soms 'in een soort van vastzit als in een rollercoaster, met alle ups en downs'. Over een vervelende sekservaring schrijft een vrouw: 'Toch beland ik in bed met een jongen die meer wil dan ik en ik heb wel een soort van nee gezegd, maar

niet echt resoluut.' 'Een soort van nee', dat moet dus iets zijn als: 'min of meer nee', 'geen duidelijk nee'.

Traditioneel komt 'een soort (van)' voor een zelfstandig naamwoord te staan, zoals in 'een bepaald soort mensen', met als hoofdbetekenis 'type'. In plaats van *soort* wordt ook wel *soortement* gebruikt, zoals in: 'Dit is een soortement kruk, die je ook als trapje kunt gebruiken.' In het hedendaagse taalgebruik zijn de toepassingsmogelijkheden van *een soort (van)* sterk uitgebreid. Zanger Dré Hazes, zoon van, zegt het volgende na een wat overspannen periode in zijn leven: 'Nu ben ik gewoon voor mezelf een soort van eindelijk weer gaan aarden, maar ik heb gewoon een hele tijd, was ik alleen maar vliegen en liet ik me niet landen, zeg maar.' Los van het therapeutisch jargon (*aarden* en *landen*), gebruikt Hazes hier zowel *gewoon*, *een soort van* en *zeg maar*. Hieronder volgen meer voorbeelden met *een soort (van)*, waaruit blijkt dat het op veel plekken kan worden ingevoegd:

- Ik heb een glas dat half een soort van uit elkaar valt.
- Bij reuzenpanda's is het zo dat ze de geboorte een soort van kunnen plannen.

- Omdat ik het eerst heel benauwd kreeg en toen een soort dacht, ja, mag ik effe door elkaar geschud worden, alsjeblieft?
- Dat was in die leeftijd voor mij de eerste periode dat het echt een soort bewust op mij inwerkte.
- Op die school werd ik een soort van gepest.
- De positie van de PVV is toch een soort van stabiel gebleven.
- Maar van januari mag je zeggen dat hij te lang duurt, dat is acceptabel en wordt zelfs een soort verwacht.
- Als ik dan te druk ben, stort ik een soort van in (een coronapatiënt over de periode na zijn herstel).
- Ik begrijp heel goed dat verlangen naar vrijheid want dat beleef ik een soort van zelf ook in mijn dagelijkse zijn.

In het volgende, laatste voorbeeld, met twee keer *soort* heeft actrice Maike Meijer het over Thierry Baudet: 'We hebben vier jaar lang geluisterd naar een soort speechtalent van een soort open riool.'

(*Een*) *soort van* komt vooral voor in mondeling taalgebruik (altijd een voorloper bij veranderingen), maar het dringt al een enkele keer door in de geschreven taal, zoals in het volgende fragmentje uit de recensie van een tv-serie. 'Pas laat in het seizoen zien we wat soort-van-oprechte momenten: makelaar Chrishell Hartley vertelt geëmotioneerd over haar scheiding (...).'

Zeker de Amerikaans-Engelse spreektaal van tegenwoordig is vergeven van onzekerheidsformules. De belangrijkste drie zijn: *like* ('It happened like ten years ago.'), *kind of* ('It's still kind of surprising to me.') en het hierboven al genoemde *sort of* ('She was sort of curious about this new opportunity.'). Net als de Nederlandse onzekerheidsformules betekenen ze vaak iets als 'ongeveer' of 'min of meer', maar het zijn ook opvullers, volstrekt overbodig en dus makkelijk weg te laten.

Een enkele keer verschijnt er een mooie combinatie van onzekerheidsformules, zoals iemand die zegt: 'Daarbij hebben ze zeg maar een soort podium gecreëerd waarop schrijvers zich kunnen presenteren.' Carice van Houten had het in het tv-programma *Zomergasten* over 'een soort van quasi-erotische dro-

men'. De bekende vlogster Monica Geuze maakte het nog bonter: 'Ja, het lijkt me gewoon heel awkward om zeg maar een soort van beelden te gaan schieten of whatever.' Drie onzekerheden: *zeg maar*, *een soort van* en om het helemaal af te maken daarbovenop *whatever*. In plaats van dat laatste leenwoord is *of zo* ook populair, zoals in: 'Ik ga een heleboel persoonlijke dingen vertellen of zo'. Gerda Blees, die een roman schreef over een groepje mensen dat meende te kunnen leven van 'liefde en lucht', zei in een interview: 'Niet eten is bijna losbreken van de werkelijkheid of zo.' En: 'Ik wilde dat andere mensen het zouden begrijpen, dat het iets voorstelbaarder werd of zo.' Veel mensen lijken voortdurend te willen relativeren wat ze zeggen of ze willen duidelijk maken dat hun uiting figuurlijk moet worden opgevat, zoals in de eerste zin van Gerda Blees met 'losbreken uit de werkelijkheid'. In informele geschreven teksten staat overigens ook af en toe *ofzo*, één woord, zoals het wordt uitgesproken.

Onzekerheid blijkt ook uit andere verschijnselen, zoals het soms bovenmatig gebruik van strooiwoorden als *best wel*. 'Ik vind het best wel moeilijk,' zeggen mensen bijvoorbeeld. Waarom niet 'Ik vind het moeilijk'? In 'Ik vind het best wel moeilijk' lijkt *wel* te zijn ingevoegd om *moeilijk* enigszins te nuanceren, maar daarna moet de mededeling met *best* weer worden opgepept. Vervolgens kan in tweede instantie *een beetje* worden gebruikt (opnieuw een afzwakking): 'Ik vind het best wel een beetje moeilijk.' Met *eigenlijk* is het mogelijk de betekenis opnieuw krachtiger te maken: 'Ik vind het eigenlijk best wel een beetje moeilijk.' Ten slotte is *ergens* nog beschikbaar om aan te geven dat de spreker het ook niet zo precies weet, zodat het eindresultaat als volgt luidt: 'Ergens vind ik het eigenlijk best wel een beetje moeilijk.' Daaraan kan vervolgens als absolute afsluiter nog *zeg maar* of *of zo* worden vastgeplakt, zodat het totaal aantal woorden op twaalf komt, terwijl de eerste zin, die de boodschap kernachtig overbrengt, slechts vier woorden telt.

De taaltwijfel lijkt steeds meer om zich heen te grijpen. In alle gevallen gaat het om routines die langzaam in het alledaagse taalgebruik zijn geïnfiltreerd. Mensen die relatief vaak *een soort van, gewoon* of *of zo* zeggen, zijn zich daar meestal niet van bewust. Ze lijken besmet met een virus, waarmee ik niet wil zeggen dat hun taalgebruik 'geïnfecteerd' of 'ziek' zou zijn. Dat is een kwalitatieve beoordeling vanuit een bepaalde norm en taalkundig gezien is zo'n norm onzin. Taalgebruik verandert altijd. Er wordt nu ander Nederlands gesproken dan vijftig jaar geleden en vijftig jaar geleden was dat weer anders dan pakweg honderd jaar daarvoor enzovoort en nou ja, kijk, het blijft eigenlijk toch ergens gewoon een soort van Nederlands zeg maar.

'De markt voor huisdierenbloed is geëxplodeerd.'

Ontploffen, exploderen en imploderen

Volgens *de Volkskrant* 'ontploften de sociale media' toen rapper en zakenman Kanye West bekendmaakte een gooi te willen doen naar het Amerikaanse presidentschap. Er *ontploft* tegenwoordig ontzettend veel. Volgens de krant ontplofte zelfs heel Zuid-Korea en dat was niet vanwege een nucleaire aanval door Kim Jong-un, maar omdat de Zuid-Koreaanse regisseur Bong Joon-ho een Oscar kreeg voor zijn film *Parasite*. Nadat Trump weer een paar waanzinnige opmerkingen de wereld in had gestuurd, ontplofte Twitter. Mensen laten weten dat hun telefoon ontploft als ze bekend hebben gemaakt te gaan trouwen. WhatsApp kan ook ontploffen, na bepaalde berichtjes. Job Cohen 'ontplofte bijna van het lachen' toen hij geconfronteerd werd met het filmpje dat zijn val als PvdA-fractieleider mede had bespoedigd. Volgens columnist Zihni Özdil staat 'de stille meerderheid op ontploffen'. Matthijs van Nieuwkerk zegt dat hij 'werkelijk ontploft' als hij Paul McCartney ziet optreden. Dus niet in figuurlijke zin, maar werkelijk.

Als alternatief voor *ontploffen* is *exploderen* uiteraard ook beschikbaar. 'Onze telefoons exploderen door afzeggingen van feestjes', valt in de krant te lezen in een artikel over de corona-effecten. In Spanje 'explodeerde de verontwaardiging' over de rijen met hongerige mensen voor uitdeelpunten van voedsel. En vanwege de populariteit van veel hondenrassen is 'de markt voor huisdierenbloed geëxplodeerd'. Voor de Tweede Kamerverkiezingen van 2021 interviewde Ruud de Wild de lijsttrekker van de PvdA, Lilianne Ploumen. De Wild begon aan een vraag: 'Stel je voor, de PvdA explodeert...' Ploumen vulde dat meteen aan tot: '... en wordt de grootste.' 'Kan zomaar gebeuren,' reageerde De Wild. Ploumen begreep hier dus meteen dat niet werd bedoeld dat haar partij uit elkaar zou vallen, maar juist veel groter zou worden. NRC kopte: 'Schulden en begrotingstekorten exploderen wereldwijd, zegt IMF.'

Ook in *Onze Taal*, het blad voor liefhebbers van taal in het algemeen en van het Nederlands in het bijzonder, is dit gebruik van *exploderen* doorgedrongen: 'De invulling die Popper gaf aan de term "complotdenken" (...) is inmiddels gemeengoed geworden. Dat blijkt uit het exploderende aantal vindplaatsen van het woord in de kranten uit de tweede helft van de twintigste eeuw.' Het 'exploderende aantal' komt vaker terug, zoals in: 'een exploderend aantal technologische ontwikkelingen', 'een exploderend aantal besmettingen' en 'een exploderend aantal onlinebestellingen'.

Soms is niet duidelijk of iets explodeert of implodeert, dat wil zeggen, uit of in elkaar knalt. In december 2020 werd geschreven en gezegd dat Forum voor Democratie, de partij van Thierry Baudet, door ruzies was ontploft. Tegelijk kon je echter horen en lezen dat er sprake was van een *implosie* van de partij, waarschijnlijk omdat partijleden zelf de lont in het kruitvat hadden gestoken.

Het lijkt erop dat *ontploffen* en zijn tweelingbroertje *explode-*

ren bijna van alles kunnen betekenen, als het maar de notie 'hevige reactie' in zich draagt en vaak ook 'toenemen'. Vereenvoudigd weergegeven meldt de *Grote Van Dale* als betekenissen achtereenvolgens: (1) met een knal uiteenbarsten, (2) zeer kwaad worden, en (3) uit elkaar vallen. Geen van de drie betekenissen lijkt van toepassing op de bovenstaande voorbeelden. Het woordenboek geeft overigens nog een vierde betekenis: enorm versnellen (bij het wielrennen). Laat dat nu net verkeerd zijn. Een renner die ontploft, komt namelijk bijna stil te staan. Hij staat 'geparkeerd', zoals de commentator graag zegt, wat nu ook weer niet betekent dat hij volledig stilstaat, de fiets aan de kant zet en – ontploft en wel – een stil plekje opzoekt om alles weer bij elkaar te rapen.

‘Woelah, ik weet niet, ik ging terug naar de shoppa, was relaxed, man.’

Straattaal, de taal van jong Nederland

In de jaren negentig van de vorige eeuw veranderde er iets in het Nederlandse taallandschap: er groeide een variant van het Nederlands, speciaal voor en door jongeren. Al gauw kreeg die variant de naam *straattaal.*

Tegelijk met de opkomst van een eigen jeugdcultuur (muziek, kleding) gingen jongeren al in de jaren zestig iets anders praten dan de voorgaande generatie. Als ze dingen leuk vonden, noemden ze die ‘te gek’ of ‘gaaf’. In het huidige tijdsgewricht gebruiken zelfs bekende politici deze termen; ze zijn volledig ingeburgerd en worden niet meer beschouwd als typische jongerenwoorden. De jongerentaal van de jaren zestig en zeventig verschilde maar marginaal van het alledaagse, algemene Nederlands. Bij straattaal is dat verschil veel groter. Dat is al te zien aan het bovenstaande zinnetje. *Woelah* (ook wel gespeld als *Wollah*) betekent zoiets als ‘Ik zweer het (bij Allah)’, de *shoppa* is de ‘coffeeshop’, die zoals bekend weinig met koffie te maken heeft, en *relaxed* staat voor ‘(heel) goed, prima, leuk’. Dingen kunnen overigens ook *a-relaxed* (‘vervelend’ of ‘stom’) of *überrelaxed* (‘ongelooflijk goed’) zijn.

Hieronder kom ik terug op de kenmerken van straattaal,

maar eerst een fragment van 'Straattaal', een rapnummer van zangeres Nina.

Een kill is een kerel en een sma een chickie.
Zoek je struggle met me kill, wordt het geheid een fitti.
Wandel op me patas, trap nooit in kaka.
En als de baas er is, smoke ik rustig een tabaka.
Fawaka? Hoe is het, merhaba, con ta bai?

Voor ieder wat wils, kill, anders wordt het maar saai.
Ik chill dagelijks met mijn matties, sahbi's en stanko's.
En als je vraagt waar ik woon, dan represent ik Damsko.
Elke dag in de loko, onderweg naar skoro.

Waar komen de woorden vandaan?

Eén ding is meteen duidelijk: veel woorden zijn afkomstig uit het Sranan, de grootste creooltaal van Suriname, zoals *sma* ('meisje'), *patas* ('sneakers'), *fa waka* ('hoe gaat het?'), *mattie* ('vriend'), *skoro* ('school') en *kill* ('jongen/man'). Er zijn ook woorden die als het ware versurinaamst worden: *kaka* ('poep'), *Damsko* ('Amsterdam') en *loko* (verkorting van 'locomotief'; hier betekent het 'metro'). *Shoppa* is op dezelfde manier gevormd.

Verder valt op dat er nogal wat woorden uit andere talen worden gebruikt. Uit het Engels: *chickie*, *struggle*, *chill* en *represent*. Dan blijven nog over *merhaba* ('hoi/hallo' uit het Turks), *con ta bai* ('hoe gaat het ermee', uit het Papiaments, de taal van de Benedenwindse Antillen), *sahbi* (uit het Arabisch) en *stanko* (vermoedelijk afgeleid van het Hebreeuwse *stanga*). De laatste twee betekenen hetzelfde als *mattie*.

De tekst van Nina illustreert dat straattaal internationaal is, met vooral veel invloed van het Surinaams, dat zich met recht de hofleverancier van straattaalwoorden mag noemen. *Fa waka*, *sma* of *sma'tje* en *patas* behoren tot de meest gebruikte. De eerste twee zijn ook al opgenomen in de laatste druk van de *Grote Van Dale* (2015). *Fa waka* wordt daarin als één woord geschreven, terwijl *fa* 'hoe' betekent en *waka* 'lopen', gebaseerd op het Engelse 'to walk'. *Fa waka* – hoe loopt het? *Fa waka* wordt ook vaak afgekort, tot *faka* of zelfs *fa*. Straattaal is een gesproken taal en dat betekent dat er geen spellingsvoorschriften zijn.

Andere bekende woorden uit het Surinaams zijn: *brada* ('broer'), *doekoe* ('geld'), *poenie* ('kutje'), *tollie* ('pik'), *faya* ('jammer/erg/vervelend'), *fitti* ('gevecht/ruzie'; afgeleid van het Engelse *fight*), *fotto* ('stad', van het Nederlandse *fort*, waar een stad omheen was gebouwd), *osso* ('huis'), *skeer* ('blut') en *skoutu* ('politie'). Dat laatste is gebaseerd op *schout*; via een omweg krijgt de Nederlandse taalgemeenschap dat woord dus weer terug!

Het (Amerikaans-)Engels is ook een rijke bron voor het vocabulaire van straattaal, onder andere de volgende woorden zijn populair: *chill*, *cool*, *master* (alle drie 'goed/prima'), *checken* ('kijken/nagaan'), *bitch* ('vrouw/wijf'), *cell* ('mobieltje'), *sloppy* ('slordig'), *whazzup* ('what is up?'/'hoe gaat het?'), *dissen* (van 'to disrespect someone' – iemand af laten gaan of beledigen) en uiteraard *fuck*, ook wel uitgesproken als *fak*. Van *what the fuck* wordt vaak *wat de fok* gemaakt. *Bro* (verkorting van 'brother') lijkt het Surinaamse *brada* te verdringen.

Verhoudingsgewijs zijn er weinig woorden uit andere talen

overgenomen. Uit het Papiaments, de creooltaal van de Benedenwindse Eilanden, onder meer *dushi* ('liefje/schatje'), *con ta bai* ('hoe gaat het?') en *swa* ('jongen/man'). *Swa* is in die zin vergelijkbaar met het Surinaamse *skoutu*, dat oorspronkelijk ook is afgeleid van een Nederlands woord, namelijk van *zwager*. Uit het Turks komt *lan* ('man/jongen'), uit het Marokkaans-Arabisch onder meer *habibi* ('liefje/schatje'), *tfoe* (een uitroep van afkeer of afkeuring; denk aan iemand die spuugt) en *ewa*, dat verschillende betekenissen kan hebben; het is vaak een aanroep, aan het begin van een zin, vergelijkbaar met 'Hé', maar het kan ook ruimer worden geïnterpreteerd als 'Hallo' of 'Hoe is 't?' Soms wordt het gecombineerd met *fa waka*: *ewa fa waka?* Met *Ewa faka, bro?* heb je een zinnetje van drie woorden uit drie talen.

Na de zogenaamde avondklokrellen (iets anders dan 'avondkokkerellen') begin 2021 kwam het Arabische woord *rwina* in de publiciteit. Via sociale media werden jongeren opgeroepen 'rwina te zetten' – chaos te creëren. *Zetten* wordt veel gebruikt in het 'gewone' Surinaams-Nederlands zoals dat in Suriname werd en wordt gesproken. Qua betekenis is het multifunctioneel, en het kan slaan op van alles wat iemand kan doen: iets organiseren, creëren, inschenken, koken, plaatsen, toevoegen, enzovoort. Wat dat betreft is *zetten* vergelijkbaar met *droppen*, dat uiteraard uit het Engels is geleend (met name uit de hiphopcultuur), bijvoorbeeld in 'een poku droppen' (een hiphopnummer opnemen) of 'een tori droppen' (een verhaal vertellen). Overigens kun je in het Nederlands ook van alles *zetten*. Voorjaar 2021 waren 'een prik zetten' en 'een vaccinatie zetten' vaak te horen en te lezen.

Uit het Berber is *zemmer* ('homo') geleend, uit het Spaans *com esta* ('hoe gaat het?') en uit het Italiaans *capisce* ('begrepen?'). Sommige woorden worden heel veel gebruikt, denk aan *doekoe* en *chill*, andere zelden of slechts door een beperkte groep jongeren, bijvoorbeeld *lan* en *com esta*.

Hoe valt nu te verklaren dat er zoveel woorden uit het Surinaams populair zijn? Een woord als bijvoorbeeld *doekoe* kennen de meeste Nederlanders, mede door het rapnummer 'Iedereen wil doekoe' van Def Rhymz. In de eerste plaats zijn er veel jongeren met een Surinaamse achtergrond, met name in Amsterdam en Rotterdam, en die zijn vaak gewend afwisselend Surinaams (ook in Suriname overwegend de taal van de straat) en Nederlands te spreken. Codewisseling, dus woorden uit de ene taal gebruiken terwijl je de andere taal spreekt, is voor hen de normaalste zaak van de wereld, het past in hun manier van praten. De tweede reden waarom woorden uit het Surinaams zo gretig worden overgenomen heeft vermoedelijk te maken met de fonologische vorm van veel woorden in het Surinaams: medeklinker – klinker – medeklinker – klinker, zoals *doekoe* of *fatoe*. Het 'praat lekker', woorden met die klankstructuur; vooral de klinker op het eind is belangrijk. Daarom wordt van *coffeeshop* ook *shoppa* gemaakt. Denk ook aan Nederlandse (jeugd-)woorden als *aso, brabo* ('Brabander') en *mayo*. Ten derde: de populairste muziek onder jongeren is de laatste jaren hiphop of rap. Juist daarin zijn veel jongeren met een Surinaamse achtergrond actief, zoals Nina met haar *poku* over straattaal. De invloed van de grotendeels zwarte Amerikaanse rapcultuur blijkt ook uit de overname van woorden als *bro* (verkorting van *brother*), *dope* en *da bomb* ('heel goed/prima'). Het laatste woord wordt vaak vernederlandst tot *de bom*: *die track is helemaal de bom.*

Nederlandse woorden – nieuwe woorden

Taal blijft niet altijd hetzelfde, betekenissen van woorden kunnen veranderen of ze krijgen een andere toepassing, en dat gebeurt ook met Nederlandse woorden in straattaal, zoals *standaard* en *flex* die beide staan voor 'heel goed/prima'. *Chanteren* kan de betekenis 'versieren' krijgen (*een smatje chanteren*), *oplossen* 'weggaan', *baas* 'iemand die belangrijk is' (*hij is een baas*), *bakken* 'geld verdienen', *nachtapotheker* 'drugsdealer', *kachelen* 'bier drinken', *lossen* 'plassen', *werelds* 'heel goed', *ouwe* 'man/jongen' (als aanspreekvorm). De bekendste zijn misschien wel *lauw*, dat waarschijnlijk via het Surinaamse *lau* ('gek') 'te gek' is gaan betekenen en dus 'heel goed/prima', en *laters* of *laterzzz*, 'tot ziens' of 'tot later'. De veelgebruikte standaardfrase 'Je weet toch?' heeft niet echt een nieuwe betekenis, maar is de opvolger van het in de jaren zeventig van de vorige eeuw opgekomen 'Weet je wel?', dat sommige hippe jongeren vaak van hun lippen lieten rollen.

Het opvallende is dat veel Nederlandse woorden in dit jongerenjargon een betekenis krijgen die tegengesteld is aan de oorspronkelijke betekenis, denk aan *vet, lijp* of *gruwelijk*, die alle drie ook staan voor 'heel goed/prima'. *Gruwelijk* komt trouwens ook voor in de varianten *gruwi* en *gru*, die meteen weer de populariteit van woorden eindigend op een open lettergreep illustreren. *Boeien*, het liefst uitgesproken met een lang uitgerekte laatste lettergreep, dus *boeieee* of *boeiuuuh* staat voor 'niet leuk', iets wat juist helemaal niet boeiend is. Een woord als *kapot* is ook interessant; het wordt veel gebruikt als positieve versterker, vergelijkbaar met *super*. Dingen zijn *kapot moeilijk* of *kapot leuk*. Voortdurend komen er nieuwe woorden op, waarvan de negatieve betekenis verandert in een positieve: *zieke shit* is 'heel goed spul' en als iemand zegt *dat is slecht*, vooral met een langgerekt *slèèècht* kan dat betekenen dat het juist goed is. In het Amerikaans-Engels en vooral in de hiphopcultuur komt hetzelfde proces van negatief naar positief voor: denk aan het eerdergenoemde *dope*. Woorden als *chill* (oorspronkelijk 'kil') en *cool* worden, zoals bekend, ook positief opgevat. Het is cool om met je matties lekker te chillen in een ruimte waarin het behaaglijk warm is.

Die verschuiving van negatief naar positief deed zich al eerder voor in het Nederlands. In de jaren vijftig van de vorige eeuw was een woord als *mieters* populair, vooral onder jongeren, en dat woord was afgeleid van *sodemieter (op)*. Denk ook aan *te gek*, dat in de jaren zestig/zeventig van de vorige eeuw opkwam. Maar het is nog algemener. Nederlanders kunnen ook zeggen dat iets *verschrikkelijk mooi* is of *geweldig leuk*. Wat is het verschil met *kapot moeilijk*? Veel processen die zich in het algemeen voordoen of al hebben voorgedaan, vinden dus ook plaats in straattaal. Wie zegt dat een optreden *waanzinnig* was, bedoelt daarmee vaak dat het 'waanzinnig goed' was, oftewel 'bijzonder goed'.

Straattaal kent ook nieuw bedachte woorden, zoals *das*. Iemand kan zeggen *ik ga das* of *ik ga loesoe*, beide betekenen 'ik ga weg', en het laatste woord, *loesoe*, komt uiteraard weer uit het

Surinaams. Andere voorbeelden van nieuwe (Nederlandse) woorden zijn: *dieken* ('kijken'), *floes* ('geld') en *salak* ('sukkel'). Nederlandse woorden met een nieuwe uitgang, zoals veel Surinaamse woorden, zijn ook als nieuw te bestempelen, bijvoorbeeld *lappy* voor 'laptop' en *maffa* voor een dom iemand. Ook wel een *mafkees* genoemd, of in straattaal *mafcheese*, want straattaalsprekers zijn 'vrij', alles mag, dus ook *kees* omzetten in *cheese*.

Omkeringen

Een speciaal soort woorden zijn de omkeringen, dus *vaag* kan in straattaal 'gaaf' betekenen, en *keller* is 'lekker'. In Frankrijk, met name in de voorsteden van Parijs en andere grote steden, is vooral onder jonge migranten een vorm van straattaal gegroeid die voor een groot deel bestaat uit omkeringen, het *Verlan*, en dat is het omgekeerde van *l'envers*, dat staat voor 'andersom'. Voorbeelden van woorden zijn: *féca* ('café'), *zarbi* ('bizarre') en *ouf* ('fou'). Het is duidelijk dat de woorden meestal niet echt achterstevoren worden uitgesproken, *café* wordt niet *éfac*; vaak worden de lettergrepen omgewisseld. Zo'n vorm van jeugdjargon kan functioneren als geheimtaal. Dat is de Nederlandse straattaal overigens ook voor veel volwassenen, zoals de tekst van Nina aan het begin van dit stuk al liet zien. In IJmuiden ontstond ruim voor de Tweede Wereldoorlog vooral onder visserlui een speciaal dialect dat ook werd gekenmerkt door omkeringen: *Te IJduimen naf roof ed roogol...*

Interessant is dat er rond 2020 in Amsterdam door een

groep jongeren ook een eigen versie van een (gedeeltelijke) omkeertaal is ontwikkeld: het Smibanese (spreek uit op z'n Engels). *Smib* is de omkering van *Bims* en dat is de naam die bewoners van de Bijlmer (Amsterdam Zuid-Oost) vaak aan hun wijk geven. Er is zelfs een Smibanese woordenboek verschenen, dat dan ook van achteren naar voren moet worden gelezen. De meeste woorden in het sterk door het Surinaams beïnvloede Smibanese worden nog in hun 'gewone' vorm gegeven, maar andere komen voor in de nieuwe, omgekeerde versie, bijvoorbeeld *ams*, de omkering van *sma* ('meisje') en *nuip*, dat zowel 'puin' als 'slecht' betekent. Meestal zijn het éénlettergrepige woorden, slechts enkele bestaan uit meer lettergrepen, zoals *soeloe* 'weggaan' (denk aan *loesoe*), *toergen* ('groeten'), *nekken* ('kennen') en *nippen* ('pinnen') waarbij er ook geen sprake is van echte omkering. Anders zou het immers *oesoel*, *netoerg* en *nennip* moeten zijn. Bedenk verder dat het om de klanken gaat en niet om de letters, dus de /oe/ in *loesoe* en *groeten* blijft bij omkering een /oe/ en niet /e/ en /o/. De omkeringen in het Smibanese zijn vergelijkbaar met die in de IJmuidense visserstaal.

Niet alle straattaalwoorden gaan even lang mee. Een woord als *gruwelijk* was populair in de jaren nul van deze eeuw, maar is inmiddels in de marge terechtgekomen, net als *das*. Er is een drang om steeds iets nieuws te verzinnen of in omloop te brengen; zo is *dom* voor 'heel goed' pas in de jaren tien opgekomen. Woorden kunnen ook meerdere betekenissen hebben. *Kaka* staat voor 'poep', maar ook voor 'waardeloos/slecht'. *Lauw* kan 'heel goed' betekenen, maar ook 'gek'. Straattaalwoorden zijn soms verkortingen van bestaande woorden, waar een verkleinwoord van wordt gemaakt, zoals *snellie* ('snelweg') of *Merrie* ('Mercedes').

Populaire categorieën

Er zijn enkele categorieën met heel veel straattaalwoorden. De eerste is die van woorden die zoiets betekenen als '(heel) goed/prima/leuk') enzovoort: *(a)boeng, banish, basis, boos, chill, cool, crime, dat doet, da bomb, daina, dodelijk, dope, flex, fly, foeroe, gevaarlijk, gruwelijk, gruwi, gru, gucci, ill, lauw, lijp, master(lijk), moeilijk, neet, relaxed, safin, scoobes, sick, siki, slecht, spang, spitta, standaard, strak, tranga, vet* en *ziek*. Deze rij is nog verre van volledig. Elk moment kunnen er nieuwe woorden worden bedacht, die een rol gaan spelen in de verbale jongerencultuur. Daarin wordt ook een al wat ouder woord, namelijk *tof*, vaak gebruikt. Het Standaardnederlands kent trouwens ook veel woorden die dezelfde betekenis uitdrukken. Denk aan onder andere: *briljant, fabelachtig, fantastisch, formidabel, fenomenaal, geweldig, grandioos, magistraal, subliem* en *super-de-luxe*. Kennelijk bestaat er een sterke behoefte om een bepaalde betekenis op verschillende manieren uit te kunnen drukken.

De tweede, goedgevulde categorie is die van woorden die staan voor 'neuken', 'de populairste van alle binnensporten' volgens schrijver-columnist Nico Scheepmaker (1930-1990). In straattaal worden onder meer de volgende woorden gebruikt: *batsen, ballen, boelen, choppen, freaken, kaatsen, kieren, klaren, klari, liften, loffen, prikken, rippen, skatten* en *tokkelen*. Sommige van die woorden, zoals *kieren* en *tokkelen*, bestaan al langer in het

Nederlands en krijgen in straattaal als het ware een tweede kans. In een interview gaf een meisje de volgende verklaring voor het gebruik van deze termen: '"Neuken" klinkt heel erg grof. Het is niet dat je ervan gaat blozen of zo, maar het klinkt een beetje... ja, asociaal of zo, ja, en als je zegt "ballen" of "boelen", ja, dat is meer grappig.'

Het 'gewone', maar informele Nederlands heeft ook veel synoniemen van 'paren' tot het zeer formele 'de geslachtsdaad verrichten' of 'copuleren'. In een prachtige dialoog van de Klisjeemannetjes (Kees van Kooten en Wim de Bie) uit 1977 komen onder meer de volgende voor: *wippen, van bil gaan, palen, doktertje spelen, pompen, een punt zetten, fleppen, de pruimen op sap zetten, in de suikerpot roeren, bonken, knarren, d'r roompotje peilen* en *een veeg geven*. Tegenwoordig zou daar *seksen* aan worden toegevoegd, maar dat woord werd rond 1977 in deze betekenis nog niet gebruikt; het stond voor 'het geslacht bepalen van kuikens'. *Vrijen* was destijds ook een bekend synoniem terwijl jongeren dat woord anno nu niet meer gebruiken. Als keurige variant is ook 'cohabiteren' nog beschikbaar – net zo min een woord voor de Klisjeemannetjes als voor de jeugd van tegenwoordig.

Plaatsnamen, de derde categorie, krijgen vaak een variant in straattaal, zoals *Damsko* voor 'Amsterdam' in de rap van Nina. Andere voorbeelden zijn: *Damski* ('Schiedam'), *Allie* (voor 'Almere'), *Agga* ('Den Haag'), *Rofa* of *R-town* ('Rotterdam'), *L-city* ('Leiden'), *Grontjie* ('Groningen'), *Eindje* ('Eindhoven'), *D-town* ('Dordrecht') en *Sweetlake* ('Zoetermeer'). Niet alleen (grote) steden, maar ook veel kleinere plaatsen worden in straattaal anders benoemd, zoals *Rippa* ('De Rijp'), *Rizza* ('Rijssen') en *Staka* ('Stadskanaal'). Ook een wijk of buurt kan een eigen woord krijgen in straattaal, zoals *Litra* voor 'Literatuurwijk' in Almere. Opvallend is dat vrijwel al die woorden ook eindigen op een open lettergreep.

Tot nu toe gaat het over de nieuwe woordenschat van straattaal. Zijn er ook andere, grote verschillen met het alledaagse Nederlands? Nee, vooralsnog niet. Sprekers van straattaal houden zich over het algemeen aan de grammatica van het Nederlands. Twee punten vallen wel op. In de eerste plaats het frequent gebruik van het hulpwerkwoord *gaan*, net als in het Surinaams-Nederlands: *Ik ga je zien, Dat gaat niet werken*, enzovoort. Daar moet wel bij worden gezegd dat in het alledaagse Nederlands het gebruik van *gaan* ook toeneemt als (soms overbodig) hulpwerkwoord van de toekomende tijd (in plaats van *zullen*), bijvoorbeeld in *We gaan het volgend jaar wel merken*.

Het tweede grammaticale kenmerk betreft het lidwoord bij onzijdige zelfstandige naamwoorden. Dat is vaak *de* en niet *het*: *de centrum, de woord* (dus ook *de lidwoord!*), *de probleem*. Verder wordt *de* als het ware vaak versterkt tot *die*, zoals in: *Die smatjes waren in die winkelcentrum.*

Wie spreken er straattaal?

De vraag 'wie spreken er straattaal?' suggereert dat het een alles-of-niets-kwestie is en dat is zeker niet het geval. Jongeren gebruiken in mindere of meerdere mate woorden uit straattaal. Vrijwel alle jongeren noemen weleens iets *chill* of *cool* en de meeste kennen ook woorden als *doekoe*, *fatoe* of *kapot* (in de positieve betekenis). De een gebruikt ze meer dan de ander, maar vrijwel alle jongeren zullen ze begrijpen. De 'grootgebruikers' zijn vooral jongeren in de Randstad, de jongens meer dan de meisjes, en daarbij zijn jongens met een Surinaamse achtergrond weer voorlopers.

Soms wordt verondersteld dat met name jongeren met een migratieachtergrond veel in straattaal praten omdat hun Nederlands niet goed genoeg zou zijn, maar uit onderzoek blijkt dat niet het geval te zijn. Voor hen is het eerder een taalspel: steeds proberen nieuwe woorden te vinden om het bekende uit te drukken. Jongeren die *osso* zeggen, kennen heus het Nederlandse *huis* wel. Het gaat ook vrijwel altijd om zeer frequent gebruikte woorden. Voor *schoorsteen* of *tafelkleed* is geen variant in straattaal beschikbaar.

Af en toe wordt beweerd dat straattaalgebruikers creatief zijn. Op z'n hoogst geldt dat voor enkelingen die een nieuw woord of een nieuwe uitdrukking in omloop brengen, maar de navolgers... ja, die pikken een nieuw woord op en die volgen dus simpelweg na. Zoals bij elke taalverandering zijn er voorlopers en volgers.

Slot: een dialoogje

Nu volgt een korte dialoog tussen twee Marokkaans-Nederlandse jongens, waarvan een fragmentje al in de titel staat. De namen zijn gefingeerd, maar de zinnen komen uit de werkelijkheid.

FOUAD: Fa waka?

TARIK: Fa waka?

FOUAD: Alles goed?

TARIK: Ja, hamdoelah.

FOUAD: Gisteren was ik terug naar de shoppa, maar je was loesoe, man.

TARIK: Ja man, die gozer... eh, het was wahed faja actie van hem. Ik weet niet of je het weet, maar die gozer spoort niet.

FOUAD: Fatoe, man.

TARIK: Wat is er gebeurd? Woelah, ik weet, ik ging terug naar de shoppa, was relaxed.

FOUAD: Faja man, er was een fitti, Mohammed tegen twee mokro's. Mohammed was para. (...) Maar die twee mokro's waren al loesoe. Ik zei tegen hem: Mohammed kom, we gaan loesoe, we nemen wiri en gaan thuis chillen, hij wilde ze gaan zoeken.

TARIK: Ah man, Mohammed moet niet zo para doen.

FOUAD: Nee man, er waren twee chicks. Eentje moeilijk, moeilijk, moeilijk, woelah. Mohammed ging als eerste met ze praten, maar die twee mokro's begonnen raar te doen, weet je.

Deze dialoog laat goed zien hoe sterk de Surinaamse invloed is met onder andere *loesoe* en *fitti*. *Hamdoelah* komt uit het Arabisch en betekent 'God zij dank' of letterlijk 'Allah zij geprezen', *wahed* is het Arabisch lidwoord 'een'. Het woord *mokro* staat voor 'Marokkaan' en is bedacht door Surinaamse jongeren. *Wiri* is straattaal voor 'hasj' of 'wiet', *para* betekent 'gek' en ten slotte *moeilijk, moeilijk, moeilijk*? Deed een van die meisjes moeilijk? Nee, hier geldt weer de wet van negatief naar positief.

Niet dat *moeilijk* 'makkelijk' betekent, maar wel 'ontzettend leuk'.

Fouad en Tarik gebruiken woorden uit het Surinaams, het Arabisch, het Amerikaans-Engels en uit de Nederlandse straattaal. Het is zonneklaar: straattaal is de verbale manifestatie van een meertalige, multiculturele taalgemeenschap.

‘Te leuk trouwen.’

Negatief wordt positief

148 Te warm, te moeilijk, te duur, te mooi (om waar te zijn). Het is een overbekende, versleten uitdrukking: ‘Alles waar *te* voor staat is niet goed, behalve *tevreden*.’ Sinds de jaren zestig kennen we al ‘te gek’, dat deze bewering falsifieert. Tegenwoordig verschijnt *te* ook in enkele nieuwe combinaties met een positieve betekenis, met name met de woorden *lekker* en *leuk*.

Het viel me voor het eerst op toen ik onlangs twee jonge vrouwen op straat passeerde, van wie er een zei: ‘Die yoghurt is gewoon te lekker,’ waarmee ze overduidelijk bedoelde dat die yoghurt erg lekker was.

In Nieuwegein is er een cateringbedrijf met de naam Te lekker, dat zoete en hartige hapjes bereidt en bezorgt. Bij het bedrijf Te leuk trouwen kan men terecht voor ‘unieke concepten’ voor huwelijken, terwijl in de winkel Te leuk in Ypenburg ‘woonaccessoires, lifestyleproducten enzovoort’ zijn te vinden.

Het lijkt erop dat vooral jonge vrouwen *te* in deze betekenis gebruiken. Vermoedelijk zal onder mannelijke supporters op de voetbaltribune ‘Het Nederlands elftal speelt te goed’ nooit te horen zijn.

'Badr Hari terug in de ring en een strengere wapenwet in de VS.'

Verbinden

Bij de interpretatie van een taaluiting hebben hoorders altijd de neiging een taalelement te verbinden aan het voorgaande element. Bekend zijn zinnetjes als de volgende: 'Als ze die beloning willen hebben ze nog alle tijd om dat doel te bereiken.' In eerste instantie zullen hoorders een (minieme) fractie van een seconde het woord 'hebben' koppelen aan 'willen' als het direct daarna wordt uitgesproken. Hetzelfde gebeurt in een geschreven tekst als er geen komma staat tussen 'willen' en 'hebben', zoals hierboven. Even wordt de lezer dan op het verkeerde been gezet.

Die neiging om een taalelement te verbinden met het voorgaande doet zich ook voor bij opsommingen, vooral als die door het woordje 'en' als het ware aan elkaar worden gekoppeld. Dit wordt mede veroorzaakt door het feit dat 'en' niet altijd alleen een puur verbindend element is. In 'Ze werd zwanger en trad in het huwelijk' zal het huwelijk meestal geïnterpreteerd worden als een gevolg van de zwangerschap. Bij 'Ze trad in het huwelijk en werd zwanger' ligt dat anders.

Mooie voorbeelden van een vergelijkbare interpretatie waren lange tijd te vinden op de startpagina van de nieuwssite Nu.nl waarop de podcast werd aangekondigd, die vrijwel altijd uit twee onderdelen bestond. Dan stond er bijvoorbeeld: 'Badr Hari terug in de ring en een strengere wapenwet in de VS.' Omdat kickbokser Hari veroordeeld is voor geweldpleging, kan de lezer dan misschien toch een fractie van een seconde denken dat die strengere wapenwet daarmee te maken heeft.

Je kunt het tot een sport maken om op deze manier naar de podcastaankondigingen te kijken, zoals naar: 'Uitspraak voor terreurverdachte Abdeslam en is Gordon schuldig?' Zo wordt Gordon even in de terroristische hoek geplaatst. Een laatste voorbeeld: 'Markthal Rotterdam weer muizenvrij en mogelijk leven op Mars.' Al die muizen misschien naar Mars? Of een contrast: muizen uitgeroeid, maar gelukkig als compensatie wel mogelijk leven op Mars.

Alweer een tijdje geleden is helaas de aankondiging van de Nu.nl-podcast gewijzigd. In plaats van het neutrale, maar toch verbindende woordje 'en' staat er nu een verticaal streepje tussen de twee delen. Daardoor is het moeilijker geworden om het tweede deel in verband te brengen met het eerste, zoals bij: 'Enorm bloementekort bij corso | Bevroren ijsvogel in natuurijs.' Zelfs een lezer die beschikt over een ruime fantasie slaagt er niet makkelijk in een verband te leggen tussen de twee delen, alsof het verticale streepje zorgt voor een blokkade. Hoewel, soms lukt het toch, zoals in: 'Akkoord over kinderpardon | Doodzieke zeekoeten aangespoeld.' Mogelijk ook opvang voor zeekoeten en daarna een zeekoetenpardon?

‘Met die interne coaching moeten we wel proactief acteren richting de medewerkers.’

Nederlands op de zaak

‘Het is absoluut noodzakelijk dat we die nieuwe missie van het bedrijf dus nadrukkelijker neerzetten, terwijl we *at the same time* een nieuwe efficiency-slag moeten invoeren. Daarom voelde ik zeg maar ook een stuk medeverantwoording naar alle medewerkers toe. Ik wilde dat even tegen je aan houden.’

‘Helemaal prima.’

‘En er zitten een heel bataljon verbeterpunten in, die ook supernoodzakelijk zijn als we een relevante speler in onze sector willen blijven. Deze toko heeft absoluut een nieuwe *boost* nodig, dat is de insteek.’

‘Vertel.’

‘We moeten gewoon een concreet en goed verhaal hebben, anders marginaliseren we in no time. Ik bedoel, een verhaal wat nieuwe impulsen geeft, zodat we weer gaan knallen. Alleen maar voorthobbelen, dat is zo passé. Alle *opportunities* die voorbijkomen, daar moeten we adequaat op acteren, en in die zin is dit stuk ook een statement, een statement waar we allemaal “yes” tegen moeten zeggen, *whatever it takes*.’

‘Want?’

‘Niet zomaar een te grote broek aantrekken, maar meer marktgericht werken, resultaatgefocust, zodat we de meer lucratievere accounts binnen weten te slepen. De mogelijkheden pakken, erbovenop zitten, maar wel met een slimme, gelikte strategie, waarin we laten zien dat we er helemaal voor gaan. Dus niet in een hoekje zitten pielemuizen met je eigen leuke, kleine projectje, dat o zo interessant is en waarin je o zoveel van jezelf kwijt kan...'

'Klopt.'

'Want als je het kwijt bent, dan ben je het ook echt kwijt. Ik bedoel dus, gewoon de deuren helemaal opengooien, een superfrisse wind laten waaien, dus vooral in de concrete klant-*approach* van de accountmanagers en in de *business-to-business*-projecten, want daarin zie ik natuurlijk nog weleens wat misgaan bij een paar van onze zeg maar gediplomeerde brokkenpiloten. Wat die allemaal *ausfressen* is af en toe niet te filmen.'

'Absoluut.'

'We zijn toch niet voor niks een markt*driven* organisatie. Ik bedoel, medewerkers zitten hier tenslotte niet voor een soort van persoonlijke ontplooiing of zo, terwijl... *mind you*... dat natuurlijk wel strategisch en procedureel is geïmplementeerd in onze HR-visie, want daar ontkom je dus tegenwoordig niet aan.'

'P'sies.'

'Nespressootje doen?'

'Super.'

'Suiker?'

'P'fect.'

'Iedereen moet dus ook zijn eigen ding kunnen doen, natuurlijk. Ik bedoel, is niks mis mee. We willen niemand iets door de strot duwen. Als jouw ding eigenlijk goed is voor het bedrijf, oké, ga er dan voor met alle *power* en alle *knowhow* die je in je hebt en dan kan je, *as far as I'm concerned*, ook echt tot het gaatje gaan. Maar als ik sommige mensen bezig zie, dan voel ik eigenlijk toch een soort van mwah. Ik bedoel, daar zakt dus m'n broek dus echt spontaan van af.'

'Exact.'

'Kan anders, kan beter. Wat zeg ik? Moet anders, moet beter, zeker in onze tak van sport. En daarom moeten we het beestje natuurlijk wel naar zijn naam noemen. Ik bedoel, wat ik eigenlijk ook wil bereiken is een soort van *empoweren* op een concrete *hands-on* mentaliteit, anders lukt het niet meer om onze broek op te houden. Ik weet het, bij sommige mensen zal het keihard binnenkomen. Ze hebben dat eigenlijk eerder niet meegekregen, maar het is absoluut urgent dat we zeg maar een inhaalslag maken, dat we er een klap op geven, dat we weer scoren in ons segment, anders wordt het drie keer niks, dan kunnen we de pijp wel aan Maarten 't Hart geven.'

'Wie?'

'Maarten 't Hart, een soort van schrijver of zo. Een vlucht lege gulpen, dat is een boek van hem.'

'Hè?'

'Geintje.'

'Oké.'

'We moeten groter denken, een goed verhaal neerzetten. Slimme oplossingen creëren, een extra kwaliteitsslag uitzetten, zorgen dat mensen de goeie *push* krijgen en in een *flow* komen, zodat ze echt gaan performen. Misschien is het ook nodig om aan de poppetjes te denken en een nieuwe operationeel manager in te zetten, speciaal hiervoor, die alles kan aansturen, zodat niemand kan zeggen dat het zijn pakkie-an niet is. Toch?'

‘Inderdaad.’

‘Dan kijk ik bijvoorbeeld naar die muts van een Ottelien, wat bepaald geen toppertje is en zeker geen *teamplayer*, terwijl dat supernoodzakelijk is. Sorry hoor, maar waar die allemaal dus met een grote boog omheen wandelt, dat wil je niet weten. Ik bedoel, psychisch logt ze de hele tijd uit en zapt ze weg of zo. En *of all people* is zij degene die altijd wat te mutsen heeft. Die denkt zeker bij elk probleem dat collega’s dat biggetje wel even wassen, terwijl ze zelf als officemanager ook verantwoording heeft naar de andere medewerkers toe. Maar daarvoor is ze nog blinder dan een blinde vink...’

‘Haha!’

‘Zolang ze zelf maar lekker bezig is en alles voor zichzelf een plekje kan geven. Daar kan ik me dus zo aan irriteren.’

‘Eens.’

‘Nou, ’t is goed met ’r. Helemaal goed, zou ze zelf zeggen. *My ass*, helemaal slecht zal ze bedoelen. Daar word ik eerlijk gezegd eigenlijk ook strontziek van, van dat eeuwige “helemaal goed”. Wanneer haar eigen bordje maar schoon is, dan is het volgens haar voor de banketbakker.’

‘Ha!’

‘Dat is zo typisch Ottelien. *Fuck it*, daar heb ik het helemaal mee gehad. Dat trek ik echt niet meer.’

‘Helder.’

‘Lekker, hè, die Nespresso. Dat ze daar die George Clooney voor hebben gekregen. Goeie kerel. Perfectemento. Petje af. Knap gedaan.’

‘Gaaf.’

‘Maar welke *jinglebell* liet ik ook alweer rinkelen? O ja, het gaat om dat verbetertraject waar het bedrijf op moet inzetten, de *improvement goals*, zeg maar bij wijze van spreken. We moeten dat dus goed communiceren richting medewerkers, zodat ze er een persoonlijke klik mee krijgen en een *sense of urgency* voelen.'

'*Right*.'

'Niet in één keer de organisatie in gooien, zo van, kijk, hier heb je het en deal er maar mee. Alsof je een bot naar een hond toe flikkert. Belangrijk is natuurlijk de aanvliegroute die we kiezen. Ik bedoel, het gaat eigenlijk ook om interne coaching en daarin wil ik wel gewoon proactief acteren. Dan gaat het echt supergoed lukken. Weet ik zeker. *Teach what you preach, that's the message*.'

'Tuurlijk.'

'Pas als het intern goed is geland, hebben we echt een concreet verhaal naar onze klanten toe.'

'Zekers.'

'En dat gaat niet zomaar. Dat realiseer je toch wel?'

'Absoluut.'

'Die markt herstelt nu langzaam, dus we moeten onze innovatiekracht optimaal inzetten, maar ook met een soort van slimme oplossingen komen. Iedereen moet zich nadrukkelijk beseffen dat dat onze *joe-es-pie* is. Misschien moeten we eigenlijk dat eerste concept eerst nog bij het middlemanagement sonderen voor we het dus bij andere medewerkers in de week leggen, zeker bij die jongens en die chicks van *sales*, dat die er nog een plasje overheen kunnen doen.'

'P'sies.'

'Want daar zit toch onze *corebusiness*.'

‘*Sure*.’

‘Daarom heb ik ook geen SMART-doelen geformuleerd. Die zijn zó vorige eeuw. Maar MAGIE-doelen.’

‘Maggi?’

‘Nee, hij mag niet.’

‘Huh?’

‘Geintje… kan je toch wel tegen? Magie, toverkracht, de M staat voor meetbaar, de A voor acceptabel, de G is van… eh, even kijken…’

‘Gewoon?’

‘Nee, natuurlijk niet. Als het gewoon is, stelt het geen ene fuck voor. O ja, staat hier. Natuurlijk… *ge*communiceerd. Een nieuwe strategie moet, voordat je hem kan uitrollen, landen in de organisatie en dan gaat het met name over de aanvliegroute die je kiest.’

‘Klopt.’

‘Communicatie, goeie communicatie, dat blijft toch de uitdaging, zodat niemand kan afvragen hoe of dat ’t nou precies bedoeld is en wat of dat er van hem verwacht wordt. Of van haar, natuurlijk. Altijd op je taal letten, altijd op je woorden passen, want voor je het weet ben je een seksist.’

‘Oké.’

‘Maar… eh, even onder ons, handjes thuis, hè, hoewel ze d’r af en toe wel om lijken te vragen, met al die sappige koopwaar die een soort van breed ligt uitgestald, zeker in de zomer met die lage bloesjes en die korte rokjes. Je mag ook weer niet te lief doen tegen de dames, want voor je het weet heb je *MeToo* aan je broek hangen.’

‘Zekers te weten.’

'Vooral als je gulp ook nog open staat!'

'Haha!'

'Waar was ik ook alweer gebleven? O ja, bij de G. Dan krijg je de I, die is van inspirerend en de E van engagerend. Dat iedereen betrokken voelt. Want als dat niet zo is, dan blijft zo'n nieuwe strategie ergens in het midden hangen, dan komt het niet echt op de werkvloer terecht, zodat we niet kunnen doorpakken. En over een jaar herinnert niemand zich meer wat de *targets* waren. Dan is iedereen het zeg maar spontaan vergeten.'

'Helder.'

'Het zal in de aanloop wel een paar euri's kosten, maar uiteindelijk gaat het om de drie i's.'

'I's?'

'Ja, investeren, innoveren en implementeren. En daarna natuurlijk incasseren.'

'Vier.'

'Ja, Pepijn, ik kan ook tellen.'

'Sorry.'

'Het staat er nu dus in grove lijnen met alle *tools* die we nodig hebben, in de grondverf, eigenlijk dus ook alleen nog maar in de steigers, een conceptueel kader, niks meer of minder. Het is een soort van puntnulversie zeg maar. Daarom wil ik het bij jou en Timo ook eventjes laten marineren, zodat we daarna de tekst kunnen bijplamuren, toespitsen en optimaliseren. Waarschijnlijk moet ik het later nog een beetje finetunen en bijpunten om het voor iedereen uitdagend neer te zetten en om er maatwerk van te maken, zodat we draagvlak in het hele bedrijf creëren, ook grip op het hele proces houden en zorgen dat iedereen er goed in staat. Dan kan het volgens deze jongen helemaal geweldig worden.'

'Inderdaad.'

'Want het is een vechtmarkt met in totaal misschien net zoveel accounts dan vorig jaar.'

'Exactemento.'

'Hè?'

'Exact.'

'Als ik hoor hoe die jongens van X-way tegenwoordig bezig zijn, wat die intern en extern allemaal weten te genereren, dan eh...'

'Dan doen hun het volgens mij wel beter als ons.'

'Zij doen het beter dan wij, Pepijn.'

'Dus dat ben je met me eens, dat hun het beter doen als ons?'

'Het is: "Zij doen het beter dan wij." En niet "Hun doen het beter als ons". Hoe vaak heb ik dat nou al niet gezegd? Als je je taal laat verloederen, dan kan je het verder wel *shaken*.'

‘De witlofreepjes lekker bij het rode uitje.’

Kooktaal op tv

‘Dan kan ik de kalkoen gaan grillen, die heb ik mooi gemarineerd,’ zegt Mounir Toub, terwijl hij in het programma *Kook mee met MAX* twee plakjes kalkoenfilet in de grillpan laat glijden. Bij Mounir is heel veel *mooi* terwijl hij het eten bereidt. De zoete aardappel heeft hij ‘mooi in plakjes’ gesneden en nadat hij ze heeft gekookt zijn ze ‘mooi beetgaar’. Enkele ingrediënten vermengt hij zodat ze ‘mooi kennis met elkaar kunnen maken’, daarna gaat het ‘mooi in de oven’. Bij een volgend gerecht heeft de tofoe slechts een paar minuten nodig om ‘mooi gebakken te worden’, uiteraard wel nadat de olie ‘mooi warm’ is geworden. Slechts een enkele keer heeft *mooi* de esthetische betekenis. Meestal staat het voor iets als ‘prettig/aangenaam/goed’.

De ene dag presenteert Mounir het kookprogramma, de andere dag Sandra Ysbrandy. Zij heeft een voorkeur voor een ander woord, een woord dat direct met smaak te maken heeft, namelijk *lekker*, hoewel het meestal niet gaat om *lekker* in de betekenis van ‘aangenaam van smaak’, maar – net als ‘mooi’ bij Mounir – betekent het meestal ‘prettig/aangenaam/goed’. Voor een stamppot met witlof en rode uien gaat ze die laatste ‘lekker glazig’ bakken in de olijfolie. Dan gaan ‘de witloofreepjes lekker bij het rode uitje’. De aardappelen die erdoor moeten zijn al gekookt en moeten 'op laag vuur even lekker uitdampen'. Maar soms betreft het wel degelijk de smaak: 'Nog een walnootje erbij, mmm, lekker.'

Het is duidelijk: Mounir en Sandra hebben verschillende favoriete woorden. In twee uitzendingen van samen ongeveer 25 minuten gebruikt Mounir 26 keer 'mooi' en Sandra maar liefst 31 keer 'lekker'. Aardig is dat het favoriete woord van de een steeds op de tweede plaats komt bij de ander. Mounir gebruikt 11 keer 'lekker' en Sandra 17 keer 'mooi'. Sandra wil ook nogal eens ingrediënten leuk vinden: 'Mooie bieslook vind ik dan leuk.' En natuurlijk vinden ze beiden de gerechten die ze bereiden ook vaak 'heerlijk'.

Eet smakelijk!

‘Leerlingen voelden vaak goed thuis in het Engels.’

Het wederkerend voornaamwoord

Ik herinner goed dat de meeste mensen tien jaar geleden, in 2021, niet realiseerden hoe het Nederlands in de gevarenzone zat en zorgen moest maken over de toekomst. Ze hadden het wel over de taal, maar concentreerden daarbij vooral op het Engels, dat een belangrijke plaats had veroverd in de alledaagse communicatie en steeds meer manifesteerde in de omgangstaal. Mensen die bijvoorbeeld bezig hielden met de taal in het academisch onderwijs maakten wel druk over die Engelse invloed, maar voelden niet begrepen door de politiek en beleidsmakers. Universiteiten probeerden vooral te profileren met Engelstalige bachelors en masters om aantrekkelijker voor te doen aan buitenlandse studenten, die graag inschreven voor deze programma’s.

Docenten moesten steeds meer voorbereiden op colleges in het Engels, terwijl ze bewust waren van hun matige beheersing van die taal. Ze konden niet altijd goed uitdrukken in het Engels, dat voor hen een vreemde taal bleef. Daarom voelden ze vaak ongemakkelijk bij het geven van colleges. Natuurlijk hadden ze voorbereid en ook hadden ze bijgeschoold in wat Academisch Engels werd genoemd, en zo hoopten ze te verbeteren. Maar ze wisten vooral geen raad met Engelse idiomatische uitdrukkingen en beperkten tot kaal, weinig levendig taalgebruik waaraan ze meenden geen buil te kunnen vallen, maar ze schaamden in veel gevallen voor de manier waarop ze college moesten geven.

Nederlandse studenten waren in het algemeen redelijk goed in staat te uiten in het Engels, waarop ze al georiënteerd hadden op de middelbare school, zeker op scholen die gericht hadden op tweetalig Nederlands-Engels onderwijs. Veel scholen specialiseerden daarin omdat ze zo konden onderscheiden en meer leerlingen binnenhalen. Er ontwikkelde op dit terrein ook een concurrentiestrijd tussen scholen. Vanwege de financiering konden scholen niet veroorloven minder leerlingen te krijgen, daarmee zouden ze de das omdoen.

Zoals gezegd, leerlingen voelden vaak goed thuis in het Engels, ook vanwege de invloed van de Engelstalige cultuur, die steeds meer verbreidde in onze samenleving. Ze maakten zeker niet druk over de situatie van het Nederlands, daar bekommerden ze niet om. Ze vermaakten liever met Engelstalige films, muziek, games enzovoort dan te verdiepen in wat in feite hun moedertaal was of zou moeten zijn.

Echte taalliefhebbers, die meestal geabonneerd hadden op het blad *Onze Taal*, maakten wel bezorgd en sloofden ook uit om via ingezonden stukken en dergelijke de wankele positie van het Nederlands aan de orde te stellen. Ze concentreerden daarbij vooral op de bindende rol van taal, omdat via die taal mensen ook een cultuur eigen kunnen maken. De Nederlandse cultuur zou met al dat Engels in een problematische positie bevinden en de vraag was of het in de toekomst zou kunnen redden.

Maar de meeste mensen, en zeker degenen die met taalbeleid in het onderwijs bezighielden, trokken daar weinig van aan. Ze stelden op het standpunt dat het een achterhoedegevecht was. Als Nederland in de internationale wereld wilde laten horen, moest het aanpassen aan internationale communicatie. Wie daar tegen uitsprak, bevond volgens hen in een achterhaalde, ouderwetse wereld.

Een van de gevolgen was dat mensen ook steeds minder uitdrukten in het Standaardnederlands, dat maar moeilijk staande kon houden. Bijvoorbeeld het lidwoord *het* voor een groot aantal zelfstandige naamwoorden wist niet echt goed te handhaven, net als de traditionele woordvolgorde in bijzinnen, waar taalgebruikers steeds minder aan gelegen lieten liggen, omdat Nederlanders in toenemende mate richtten naar het Engels. Niemand schaamde meer voor het feit dat men in feite bediende van gebroken Nederlands.

Maar gelukkig, nu in 2031, is er een groeiende groep mensen die zich irriteren aan het verengelste Nederlands, die zich bedenken dat het anders moet, zich meer focussen op het Nederlands en zich beseffen dat gezamenlijke actie noodzakelijk is voor behoud van die prachtige taal!

'Verbindend en inspirerend.'

De taal van personeelsadvertenties

164 Voorheen stonden in een personeelsadvertentie over het algemeen de opleidingseisen vermeld, de gewenste ervaring van de sollicitant en de te vervullen taken. Maar sinds de sollicitatieprocedure in handen is van bedrijven voor werving en selectie (zelf noemen ze zich vaak *recruitment agency*) verschijnen er in advertenties steeds meer termen die betrekking hebben op de gewenste persoonlijkheid van de sollicitant. Dat is vooral het geval in advertenties voor functies in het onderwijs, de zorg- en welzijnssector, en de overheid – niet voor niets vaak 'de zachte sector' genoemd. Voor het weergeven van die gewenste persoonlijke kwalificaties worden vaak losse woorden gebruikt. Zo zocht enige tijd geleden een Stichting Openbaar Primair Onderwijs 'een inspirerende bestuurder: Boegbeeld – Verbinder – Strateeg'. Andere eisen staan dan niet vermeld, hoewel die wel vaak te vinden zijn op de website waarnaar wordt verwezen.

Vooral *verbinder* en *verbindend* blijken populaire termen te zijn in personeelsadvertenties. Zo wordt in de ene advertentie gevraagd om een 'verbindende rector/bestuurder die openheid combineert met koersvastheid', in de andere om een 'toegankelijke en verbindende directeur' en in een volgende om een 'verbindende, vernieuwende, inspirerende en helder communicerende rector'. Soms moet iemand 'een verbindende schakel' zijn. Een wervingsbureau dat zélf een nieuwe medewerker zoekt, vraagt iemand 'die energie krijgt van het verbinden van mensen'. Misschien flauw om op te merken, maar daarbij denk je toch al snel aan een vacature bij het Rode Kruis.

Dat het vaak meer gaat om wie je bent dan om wat je kunt, blijkt ook uit een woord als *inspirerend*, dat veel wordt gebruikt om de gevraagde persoonlijkheid mee te omschrijven – net als *bevlogen, gedreven, enthousiast* en *ondernemend*. De ene keer moeten mensen een *boegbeeld* zijn, de andere keer een *ambassadeur* en af en toe zelfs een *visionair*. Soms wordt van sollicitanten verwacht dat ze *initiatiefrijk*, *innovatief* of *innoverend* zijn. De nieuwe functionaris moet uiteraard ook iets gedaan kunnen krijgen, dus hij of zij moet in veel gevallen *daadkrachtig*, *doortastend*, *koersvast* en *resultaatgericht* zijn. Daarvoor is vaak nodig dat hij of zij een *hands-on mentaliteit* heeft en ook *proactief* te werk gaat. Maar hij of zij moet daarnaast *diplomatiek* zijn. Een enkele keer wordt er iets bijzonders gevraagd: van sollicitanten op een bepaalde functie wordt verwacht dat ze een *aimabel* karakter hebben. Woorden als *lief* of *gezellig* ontbreken trouwens in dit soort advertenties, terwijl het toch aanbevelenswaardige karaktertrekken kunnen zijn.

Soms is er sprake van een opeenstapeling van kwalificaties, vooral in het bedrijfsleven: 'Je bent een resultaatgerichte, daadkrachtige en een coachende manager en een conceptueel denker.' Dat *resultaatgericht* roept ook de vraag op of er een sollicitant denkbaar is die het niet uitmaakt wat het werk oplevert als hij maar lekker bezig is. En wat is een 'conceptueel denker'? De volgende reeks is nog langer: 'Geboren leider, ondernemend, klant op 1, teamplayer, resultaatgericht, gevoel voor tech, operational excellence, drive, verbinder.' Een sollicitant moet wel over veel lef beschikken om te beweren dat hij of zij aan al deze eisen voldoet.

Dit rijtje eisen bevat al veel Engelse termen. In een andere advertentietekst gaat het om een CEO, een *Chief Executive Officer*, 'president-directeur' dus of 'algemeen directeur', maar die begrippen zijn inmiddels obsoleet geworden. Die CEO dient te beschikken over een 'trackrecord in groei en change'. Van de 'future partner' in een 'Consulting Group' wordt verwacht dat hij/zij niet alleen een sterke netwerker is, ambitieus en ondernemend, maar ook 'high performing' en een 'thought leader', wat dat ook moge zijn.

Enkele advertenties, met name in *NRC* zijn volledig in het Engels gesteld, maar dat Engels is lang niet altijd onberispelijk. Zo begint een advertentie waarin om een *Sales Executive* wordt gevraagd met de volgende, slechtlopende zin: 'Scanmarket is a global company with ambitious growth plans and consists of a young and energetic team of 75 people across offices in Denmark, USA, United Kingdom, the Netherlands and Germany.' Bij de eisen voor de functie staat: 'Strong communication skills in Dutch and English, in both written and verbally.' Communicatief niet erg sterk; 'both written and oral' was beter geweest; geschreven taal is immers net zo verbaal als gesproken taal. Een vergelijkbare fout werd gemaakt in een andere, Nederlandstalige tekst, waarin een *tender manager* wordt gezocht die 'schriftelijk en verbaal sterk' moet zijn in Nederlands en Engels. Die tekst is toch opgesteld door een waarschijnlijk duurbetaald wervingsbureau, waar men kennelijk verbaal niet erg sterk is.

Vaak wordt een schaap met vijf poten gevraagd, of op z'n minst karaktereigenschappen die deels tegenstrijdig lijken, zoals 'charismatisch en innemend, maar ook zakelijk en doortastend'. Soms moet een kandidaat 'een flexibele, dienstverlenende doch onafhankelijke houding' hebben.

Een woord als *passie* is ook typerend voor het jargon in personeelsadvertenties en het past uitstekend in het huidige tijdsgewricht. Albert Heijn verkoopt zelfs brood dat zou zijn gebakken 'met passie'. In vacatureteksten voor het onderwijs dienen kandidaten in veel gevallen 'een passie voor onderwijs' te hebben of 'een passie voor kinderen'. 'Schakelen' is een modebegrip in het bedrijfsleven en de politiek, dus komt het ook terug in personeelsadvertenties: 'Je kunt snel schakelen, bent business-minded, pragmatisch en proactief.'

Emotie is belangrijk. Enige tijd geleden schreef Tom-Jan Meeus in *NRC* dat het in de politiek steeds minder gaat om de feiten, maar vooral om de reactie op de feiten. En die is in veel gevallen subjectief en dus emotioneel gekleurd. Elk boek dat mensen lezen of elke tentoonstelling die mensen bezoeken, moet 'een beleving' zijn. Een ander voorbeeld in verband met die emotie: de Comenius Leergangen bieden in samenwerking met de Rijksuniversiteit Groningen en de KU Leuven een leergang 'Wijsheid in Leiderschap' aan, waarvan een van de doelen is: 'Vertrouwen op de innerlijke stem en verbinding maken met de omgeving'.

Terug naar de vacatureteksten. Soms geven wervings- en selectiebureaus de voorkeur aan wel heel bijzondere karaktereigenschappen. Zo wordt in advertenties van JS Consultancy (voor banen bij de overheid) nogal eens van mensen geëist dat ze *commercieel sensitief*, *organisatiesensitief* of *omgevingssensitief* moeten zijn. Waarom dat de ene keer wel en de andere keer niet wordt gevraagd, is onduidelijk. Eén en dezelfde advertentie van JS Consultancy bevat twee teksten: een voor een 'strategisch financieel adviseur', en een voor een 'stedelijk beheerder wegen en straatmeubilair'. De eerste dient inderdaad *omgevingssensitief* te zijn (maar ook *flexibel*, *oplossingsgericht* en nog veel meer), maar de tweede hoeft – opmerkelijk voor iemand die wegen en straatmeubilair moet beheren – kennelijk niet gevoelig te zijn voor zijn of haar omgeving. Hij of zij moet dan weer wél een 'regievoerder met helicopterview' zijn, die bovendien 'denkt in mogelijkheden en kansen', 'gericht is op samenwerking', 'communicatief vaardig' is en – daar heb je hem weer – 'verbindend'.

‘Gaan we naar de Oliebollerie of naar de Snacktaria?’

Productieve achtervoegsels

Net als in december 2019 had ze in december 2020 weer haar plek ingenomen in Amsterdam-Noord, aan het IJ, daar waar de Buiksloterwegpont aanmeert: *Mirella’s Oliebollerie.* Vroeger stond er mogelijk een ‘Oudhollandsche gebakkraam’, maar inmiddels is het dus een Oliebollerie geworden. Een benaming die kennelijk meer eigentijds werd geacht. In het standaardwerk *Algemene Nederlandse Spraakkunst* staat het achtervoegsel *-erie*, uiteraard van het Frans geleend, nog niet vermeld. Daarin wordt wel het achtervoegsel *-ij* besproken. Dat wordt vooral gebruikt om namen van bedrijven of instellingen af te leiden van werkwoordstammen of van zelfstandige naamwoorden, meestal persoonsnamen, waarbij *-ij* verandert in *-erij*. Zo krijg je bijvoorbeeld *bakkerij*, *sloperij* en *zetterij*. Na een stam op *l*, *n* of *r* wordt er nog een *d* ingevoegd, zoals in *maalderij*, *veenderij* en *grossierderij*. De achtervoegsels worden trouwens niet overal gebruikt waarvoor ze zouden kunnen worden gebruikt. Waarom wel een *slagerij* maar geen *kapperij*? Waarom wel een *metselarij*, maar geen *stucadoorderij*?

Het procedé om met dit soort achtervoegsels nieuwe woorden te maken wordt in de taalwetenschap ‘productief’ genoemd. Taalgebruikers kennen (onbewust) de regels daarvoor.

Moedertaalsprekers van het Nederlands (en anderen die de taal goed beheersen) kunnen die regels bijvoorbeeld op nonsenswoorden toepassen. Wat is een bedrijf of instelling waar werknemers kledingstukken moeten *kroken*? Dat is uiteraard een *krokerij*. En waar ze grondstoffen moeten *brielen*? Een *brielderij* natuurlijk.

Bij het bedenken van bedrijfsnamen wordt veel gebruikgemaakt van het achtervoegselprocedé. Zo is er in Keizersrande een biologisch-dynamisch melkveebedrijf dat *Natuurderij* heet (dus met een *d*, vanwege de voorafgaande *r*). 'Het wapen van Harskamp' is niet alleen een *tapperij* (bekend woord), maar ook een *happerij*, waar niet alleen hapjes, c.q. snacks worden geserveerd, maar ook lunches en diners. Om verder te gaan in de horeca, want dat is een rijke bron van deze nieuwgevormde woorden: in Franeker staat *De Grillerije*, waar dus aan het achtervoegsel nog een *e* is vastgeplakt, en in Monnickendam bevindt zich de *Bierderij Waterland*, in feite een brouwerij (met proeflokaal), maar die naam werd kennelijk te gewoontjes gevonden.

De Verbroederij is een eet- en drinkzaak in Amsterdam-Noord, die in tijden van coronabeperkingen ook een *Afhaalderij* kent. Andere namen in deze sector die ik op het spoor kwam: *Gasterij*, *Eterij* (maar ook *Eeterij*) en *Slaperij*. De laatste is niet alleen een beddenwinkel in Zeist, maar ook een vakantiehuis in Bergen. Op andere terreinen wordt *-erij* eveneens gebruikt. De *Kunsterij* is een 'creatieve winkel' in Noordwijk, de *Muzerije* een muziekschool in Den Bosch en de *Klusserij* staat in Eindhoven, geen winkel, maar daar leren mensen 'met een afstand tot de arbeidsmarkt' diverse klusvaardigheden. En wie kent er niet *Uitgeverij De Boekerij* (twee keer *-erij*!)?

Er zijn veel bekende, uit het Frans overgenomen woorden op *-erie*: *brasserie, braderie, menagerie* enzovoort. Nieuwe woorden, zoals *Oliebollerie*, komen niet zo vaak voor als die op *-erij*, maar ze zijn er wel: *Snackerie 't Zonnetje, Eeterie De Globe, Gasterie De Lieve Hemel* en een *Kroketterie* die inmiddels is verchict tot *Croquette Boutique* en er zijn verschillende *Smullerieën* in den lande. Opvallend vaak gaat het weer om bedrijven in de horecasector. Daarin zijn ze toch gek op achtervoegsels waarmee nieuwe namen worden gemaakt, zoals *-taria*, dat uiteraard afgesplitst is van *cafetaria*, een term met een ouderwetse uitstraling. Dus zijn er in Nederland verschillende *Kwalitaria's, Smultaria's en Snacktaria's*.

Het achtervoegsel *-erette* wordt ook wel gebruikt: *Snackerette, Frieterette* en *Restaurette*, met name als het eetgelegenheden betreft die aan de kleine kant zijn. Een *maisonette* is immers ook een 'huisje' in het Frans en je zou een *majorette* een 'kleine majoor' kunnen noemen. De non-foodsector, zoals dat tegenwoordig heet, is slechter vertegenwoordigd als het gaat om namen met dit achtervoegsel. Afgezien van bekende woorden zoals onder andere *cassette, operette, wasserette* en de relatief recente *Printerette* en *Copyrette*, heeft ook het (waarschijnlijk door Wim T. Schippers bedachte) *boerderette* ingang gevonden. Het is een wat spottend bedoelde term voor een nieuwbouwhuis dat min of meer in de stijl van een traditionele boerderij is opgetrokken en aanzienlijk kleiner is dan een boerderij. Verder vond ik alleen een *boekerette*, waar tweedehandsboeken worden verkocht. Er blijken overigens ook nogal wat duivensoorten te zijn met een naam die eindigt op *-ette*, zoals de *satinette* en de *blondinette*, wat ook een aardige naam zou zijn voor een kleine blondine.

Het achtervoegsel *-(o)theek* biedt ook veel mogelijkheden. Traditioneel zijn uiteraard de *bibliotheek, discotheek en hypotheek*, maar de nieuwvormingen knipogen vaak naar het eerste woord, met *-(o)theek* in de betekenis 'lenen'. Zo zijn er, met name in Vlaanderen, verschillende *babytheken*, waar uiteraard geen zuigelingen kunnen worden geleend, alleen babykleertjes. Er zijn *artotheken* (kunstuitleen), *speel-o-theken* of *speltheken* voor het lenen van speelgoed en zelfs een *dier-o-theek*, waar leerkrachten dieren kunnen lenen om het biologieonderwijs te verlevendigen. Een enkele keer komt *-(o)theek* voor in de horeca. Zo kan men in Steenwijk zijn honger stillen in *Snack-o-theek 'Caramba'* en in Avelgem (België) in de *Frietkottheek 'Wezze'*.

Een enkele keer wordt een bedrijfsnaam gevormd met de tweede lettergreep van *boutique*, en wordt dus *-tique* als achtervoegsel gebruikt, meestal gespeld als *-tiek*. Net zoals er behalve *boutiques* ook boetieks voorkomen. Maar er is dus een *boektiek* naast een *boektique* en een *broodtiek* naast een *broodtique*. De *broektiek* moet het doen zonder zijn tegenhanger met *-tique*, net als de *vis- en snacktiek*.

Ten slotte kom ik terug op het achtervoegsel waarmee dit stukje begon, *-erie*: in Amsterdam is de *Condomerie* gevestigd. Volgens een recensie op internet kunnen 'de dames achter de toonbank je prima helpen'. Dat zal wel bedoeld zijn als een pikanterie.

‘Ja, kijk, da’s toch eigenlijk een… eh, een lulsmoes.’

Spreekschrijftaal

Enkele zinnen uit een column in *de Volkskrant*: ‘Mijn probleem is: ik hou van vogels én van katten. Mijn hart brak dan ook bij de foto in *NRC* van een kat met een grote bonte specht in zijn bek. Natuur? Mwah: de kat is een exoot.’ Het gaat hier om het woordje *mwah*. Terzijde: het is inderdaad te beschouwen als een woord, preciezer gezegd een tussenwerpsel, met volgens de *Grote Van Dale* als betekenis ‘ter uitdrukking van twijfel of gematigd enthousiasme over een voorstel of idee’.

Het gebruik van *mwah* is illustratief voor een verschijnsel dat de laatste jaren sterker lijkt te worden, namelijk het vervagen van de traditionele grens tussen spreek- en schrijftaal. Waar dat voorheen slechts zelden gebeurde, verschijnen tegenwoordig vaak interjecties, ook wel tussenwerpsels genoemd, in schrijftaal. Een mooi woord trouwens, tussenwerpsels en vreemd dat iets anders, wat door het menselijk lichaam ‘uitgeworpen’ wordt, namelijk uitwerpselen, niet dezelfde meervoudsuitgang heeft. Zelfstandige naamwoorden die eindigen op *-el* kennen twee meervouden: *appels* en *appelen*, *mossels* en *mosselen*. Maar *uitwerpsels* of *tussenwerpselen* bestaan niet.

Tussenwerpsels, zoals *ach*, *nou ja* en *kom*, hebben vaak geen eigen betekenis, maar ze ‘kleuren’ de rest van de zin, terwijl ze grammaticaal los staan van die rest. Meer voorbeelden van (hier cursief gezette) tussenwerpsels in de schrijftaal:

- We zien Ross, die er, goedlachs in een strakke spijkerbroek, uitziet als een sexy filmster, terwijl Alexander (27 jaar oud), *tja*, zijn saaie Duitse oom lijkt.
- *Ennuh*, verzoekje van twee vijftigers: mag de muziek een beetje zachter?
- De nieuwe merchandise van Kanye West ziet er nogal, *euh*, amateuristisch uit.
- Het vlammende rood en het frisse groen van de mantels was veranderd in iets, *nou ja*, in iets minder fris.
- Ja, *duh*: dat zei het SCP in 2004 toen die vijf i's al lang zichtbaar waren (*duh* komt uit de jongerentaal en het betekent zoiets als 'dat weten we al lang, het is bekend of het is triviaal').
- *Och*, *High Fidelity* was destijds een feest der herkenning.
- Ze konden altijd al veel, trouwens: imperiums (en imperia) bouwen en weer lekker resoluut afbreken, fresco's schilderen en kerken bouwen, en aquaducten, waar je nu weinig meer aan hebt, *maar hé*, ze zijn wel mooi.
- Charly Luske deed op Instagram een gooi naar de titel van eerste BN'er met corona. *O nee, haha*, toch niet.
- Dieper graven in de eigen ziel dan Phoenix hier doet, kan feitelijk niet. En alles bloedserieus, *hè*?
- Maar dit is geen aanklacht tegen de jeugd van tegenwoordig. Het is niet hun schuld (*nou ja, oké*, wel een beetje natuurlijk).

Tussenwerpsels verschijnen vooral in columns en vergelijkbare artikelen, die bijna per definitie een persoonlijk karakter hebben, soms alsof er tegen de lezer wordt gepraat. Een laatste opvallend voorbeeld komt uit een stuk van Martin Keulemans die vrijwel dagelijks een informatief stuk over de coronapandemie schreef in *de Volkskrant*. In één van die stukken gebruikte hij vlak na elkaar twee typische spreektaalvormen: 'Zweden heeft het weliswaar slechter gedaan dan zijn directe buurlanden; intussen was de oversterfte er lager dan in landen als Zwitserland, Oostenrijk, Frankrijk en – *komt-ie* – Nederland. *Nou moe!* Zweden is immers dat land met een grotendeels vrijwillige lockdown.'

In serieuzer, zakelijker proza zijn dit soort spreektaalvormen zo goed als afwezig, maar niet altijd, zoals de volgende zin uit Rutger Bregmans boek *De meeste mensen deugen* laat zien: 'En *o ja*, hij geloofde dat zijn theorie niet alleen gold voor vossen.' Het volgende citaat is ook van Bregman, met een *eh* dat typisch in spreektaal thuishoort, dat moet aangeven dat de schrijver zich mogelijk enigszins geneert voor zijn woordspeling of hij wil er juist de nadruk op leggen. Het staat in een passage over het morele kompas van baby's: 'Het is een fascinerend onderzoeksveld dat nog wel in de, *eh*, kinderschoenen staat.'

Tussenwerpsels in geschreven teksten laten zien dat schrijftaal informeler aan het worden is; die groeit naar spreektaal toe. Dat blijkt soms ook uit de manier waarop woorden geschreven worden, steeds vaker komt de spelling overeen met de gesproken variant, zoals in de volgende voorbeelden:

- Wanneer ik als kind iets voor *m'n* verjaardag wilde, zette ik het op mijn verlanglijstje. (Opvallend, één keer *m'n* en één keer *mijn*, RA.)

- Zola leek me iemand die voornamelijk overal ideeën en meningen over had, net als Multatuli *enzo*.
- Welkom thuis, we gaan maar weer *es* aan *'t* werk.
- Ze praten wel hard, de akoestiek laat te wensen over, *da's* nog even een punt van aandacht.
- *Barbarber*, het leukste tijdschrift dat Nederland ooit rijk was, en gelijk *had-ie*.

- De rechter vraagt de ex om de volgende keer beter na te denken voor hij een rechtszaak aanspant, want op de rechtbank hebben ze wel meer te doen. *Tuurlijk*, zo gaat dat.
- Keer op keer blijkt dat de soep niet zo heet wordt gegeten *als-ie* door Darmanin werd opgediend.
- Media kunnen lastig zijn, ze doen niet altijd wat je *wil.*
- Oplichters en fraudeurs worden steeds slimmer en bedenken steeds iets nieuws. Lees hier hoe jij ze *kan* herkennen en hoe jij je *kan* beschermen. (Hierbij ga ik dus voorbij aan het feit dat de betreffende bank elke klant op voorhand tutoyeert.)
- Het reclamespotje is steevast een *tikkie* wereldvreemd.
- Wat spertijd betreft: toen ik in de vroege jaren negentig in Moskou woonde, werd daar ook eens de avondklok ingesteld, wegens onlusten *ofzo.*

In het laatste citaat wordt er al een term gebruikt die eerder tot de spreektaal dan de schrijftaal behoort – eerder zou je 'of iets dergelijks' verwachten – en dan wordt er ook nog eens één woord van gemaakt.

Dan zijn er nog de min of meer informele woorden, die vooral in spreektaal voorkomen, maar die ook steeds meer in schrijftaal worden gebruikt, zoals:

- Waarom is uitgerekend Zuid-Afrika *de klos*? (Je zou hier eerder *de dupe* verwachten, RA.)
- Het water bleef deze week *zowat* leeg. (Waarom niet '*bijna* leeg' of het nog iets formelere '*vrijwel* leeg'? *Vrijwel* is al bijna obsoleet geworden, RA.)
- In de afgelopen twee eeuwen, en dat is *hartstikke* kort, hebben we zoveel vooruitgang geboekt dat we zijn vergeten hoe slecht het leven vroeger was.
- In Nederland hebben we ook *zat* statistieken.

Een bijzonder geval vormen de taboewoorden, met name die woorden die geassocieerd worden met seks, in ieder geval de 'platte' woorden, zoals de volgende kop boven een column in *de Volkskrant*: 'Op Instagram is de ene tiet de andere niet.' Een woord als *neuken* is al bijna gewoon geworden in kranten. In de zaterdagkrant van *NRC*, het katern 'Leven', verscheen in 2020/2021 een serie artikelen waarin vrijuit werd gesproken over *pijpen* en *beffen*, terwijl het keurige *orale seks* niet werd gebruikt. In een ander artikel staat: 'Seksualiteit gaat niet (alleen) over stijve pikken en natte kutten, het gaat vooral over durven voelen.' Een column van Sylvia Witteman in *de Volkskrant* heeft als kop *Kut*, en inderdaad, er wordt een jonge vrouw geciteerd die voortdurend dat voormalige taboewoord gebruikt. Het ooit zo beschaafde, christelijke dagblad *Trouw* had als kop van een artikel: 'Nederlandse romans zitten vol karikaturale rokjes-kontjes-tietjes: tijd voor meer vrouwen in de literaire canon.' *De Volkskrant* citeerde in kanjers van letters een uitspraak van verloskundige Beatrijs Smulders: 'Je kunt véél beter niet neuken, dan slecht neuken.'

Er wordt ook vrijuit geschreven over een *kutsmoes*, *lulkoek* en *gelul*. Journalist Marcia Luyten stelt: ‘Bob Dylan is niet sexy, niet glamourous, geen showpik, zijn tekst is hem genoeg.’ Nog niet lang geleden zou er in plaats van *showpik showman* of *showmannetje* hebben gestaan.

Pis en *poep* lijken eveneens geaccepteerd in openbare schrijftaal, zoals in kranten:

- Deze groepen *pissen* in de gracht, maken veel lawaai en maken foto's en video's van prostituees.
- Het virus kan zich niet alleen via speeksel of slijm maar ook via *poep* verspreiden.
- Altijd *lulletjes* die zich laten piepelen.
- De online-infrastructuur en het algoritme maken dat de menigte altijd groot en *piswoest* is.

Piswoest, die kende ik nog niet, maar de term contrasteert in ieder geval mooi met de keurige, formele woorden *online-infrastructuur* en *algoritme*.

De taalkundige Ludo Parmentier ging in een groot bestand van Vlaamse kranten en tijdschriften na in hoeverre de woorden *kut, klote, shit, stront* en *schijt* daarin voorkwamen. In 2000 vond hij 1755 artikelen met een of meer van deze woorden, tien jaar later was er een kleine toename tot 2146, maar er lijkt de laatste tijd sprake te zijn van een exponentiële stijging: in 2020 telde hij al 5399 artikelen met deze typische ‘platte’ spreektaalwoorden. Da's bepaald geen kattenpis.

‘Het pathos klotste tegen de randen van het scherm.’

Over klotsen

Vaak valt te lezen of te horen dat, vooral in de bestuurskamers van grote bedrijven, het geld tegen de plinten klotst. In de veertiende druk van de *Grote Van Dale* stond alleen nog dat golven tegen de kademuur konden klotsen. Pas in de vijftiende druk (uit 2015) was het lemma *klotsen* uitgebreid met de uitdrukking *het geld klotst tegen de plinten* (‘men is er schatrijk’). ‘Tegen de plinten op’ en ‘tegen de plinten omhoog’ komen trouwens ook voor, wat onvermijdelijk de vraag oproept of geld ook naar beneden of omlaag zou kunnen klotsen.

Het blijkt in ieder geval een productieve uitdrukking. Niet alleen omdat er naast geld, euro’s of miljoenen ook allerlei andere zaken tegen de plinten kunnen klotsen. Zo klotsten er volgens de krant *BN De Stem* in de provincie Noord-Brabant drugs tegen de plinten. Tijdens een start-upweek van de Rabobank klotsten ideeën tegen de plinten. In een blog schreef een cabaretliefhebber: ‘Het klotst in Nederland tegen de plinten omhoog van het cabarettalent.’ Het hoeven niet altijd plinten te zijn waartegen geklotst wordt. Matthijs van Nieuwkerk meldde bij een nostalgisch item in *DWDD* (inmiddels zelf al weer nostalgie) ooit dat de melancholie tegen de muren klotste en Rosanne Hertzberger schreef dat de vaccinatiestrategie anders zou zijn ‘als de alternatieve vaccins in dit land tegen de randen zouden klotsen’. Soms is er kennelijk zolang geklotst, dat het nog lang blijft nadruipen, bijvoorbeeld in het volgende zinnetje uit *de Volkskrant*: ‘Bij Forum (voor Democratie, RA) druipen het racisme en de complottheorieën inmiddels van de wanden.’

Columniste Sheila Sitalsing had het over een ‘van verontwaardiging klotsende motie’. Plinten ontbraken hierbij; er werd kennelijk alleen in het wilde weg geklotst. Net als in: ‘Nu zijn de Ierse broers Patrick en John Collison respectievelijk 32 en 30 jaar oud en het geld blijft binnenklotsen.’ Dit betrof weer wel ‘het slijk der aarde’, heerlijke clichémetafoor, vooral als je het klotsen erbij denkt. Mathieu Segers schreef in *NRC*: ‘Tien jaar later zette de regering-Rutte I de sluizen wagenwijd open voor de Hollandse weemoed, die vanaf dat moment de Nederlandse regering binnenklotste.’ Dus ook weer zonder plint of wat dan ook. Het woord *binnenklotsen* staat overigens nog niet in de recentste versie van de *Woordenlijst Nederlandse Taal*, oftewel het *Groene Boekje*, uit 2005. Het ontbreekt ook in de *Grote Van Dale* uit 2015.

Een enkele keer wordt er tegen iets anders geklotst, zoals in een goed begrotingsjaar van de regering, waarbij het uiteraard weer ging om het slijk der aarde: ‘Het geld klotst tegen het deksel van de schatkist.’ In een tv-recensie werd gemeld dat ‘het pathos tegen de randen van het scherm klotste’ (gelukkig niet eroverheen) en in een artikel over de invloed van het weer op de coronapandemie stond: ‘De golven van de pandemie klotsen nog te veel heen en weer om het kalme komen en gaan van de getijden van zomer en winter te voelen.’ In een stuk over de zogenaamde Super League voor de rijkste voetbalclubs en de verontwaardiging daarover schreef Paul Onkenhout dat de 'hypocrisie over de zijlijnen klotste'.

Maar de plinten blijven favoriet om tegen te klotsen. Bij een tv-programma waarin Bekende Moeders jonge zwangere 'probleemvrouwen' assisteren, 'klotsen de goede bedoelingen van de makers tegen de plinten', volgens een recensie. En in een bespreking van een programma waarin premier Rutte en minister De Jonge vragen van kinderen beantwoordden 'klotste de knulligheid bij vlagen tegen de plinten'. Boven het verslag van een voetbalwedstrijd in Breda stond de volgende kop: '"Avondje NAC": bier en nostalgie klotsen tegen de plinten.' Zie het even voor u, dat klotsende mengsel van bier en (opnieuw) nostalgie.

Het woord *klotsen* verschijnt ook vaak samen met *oksels*. 'Zo voorkom je klotsende oksels,' schrijft *De Telegraaf* op een hete zomerdag. In een interview in *de Volkskrant* zegt zangeres Ilse DeLange dat ze van de zenuwen ergens 'met klotsoksels' zat te wachten, waarbij de lezer even kan denken: wat zijn dat eigenlijk, klot-soksels? Die verkorting kan nog verder. Het bedrijf *nosweat* adverteert voor zogenaamde okselpads, die transpiratie moeten opvangen. Op de website staat: 'Van alle zweetproblemen is okselzweet misschien wel degene (sic!) waar mensen zich het meest voor schamen: zweetoksels, zweetplekken onder je oksels, ook wel klotsende oksels of kortweg "kloksels" genoemd.'

En de golven bleven in een oneindige regelmaat tegen de kademuur klotsen.

‘Van supergezellig via ladderzat naar foeilekker.’

Superwoorden: versterkende voorvoegsels

Een verslaggever van *Radio Gelderland* vraagt aan Marco Borsato wat hij van de ruimte vindt waar hij een grote groep fans gaat ontmoeten. ‘Ik vind het supergezellig,’ antwoordt de zanger. ‘Natuurlijk ontzettend leuk. Ik was hier nog nooit geweest. Het is een mooi gebouw en het is inderdaad superknus.’ Supergezellig. Superknus. Sommige taalgebruikers lijken tegenwoordig voor vrijwel elk bijvoeglijk naamwoord *super* te plakken. Borsato had het natuurlijk nog sterker kunnen maken door ook ‘superleuk’ te zeggen, maar hij houdt het bij ‘ontzettend leuk’. Wat zou leuker zijn, superleuk of ontzettend leuk? Of is *megaleuk* misschien nog leuker? *Superleuk* is overigens een typisch spreektaalwoord. Ook met woorden als *veel* en *weinig* valt het goed te combineren: ‘Ik heb er weer superveel zin in vandaag.’ Of ‘superweinig’ natuurlijk, maar dat laatste hoor je niet veel, omdat *super* vooral met een positief woord wordt gecombineerd.

Een woordje als *super* wordt beschouwd als een ‘versterkend voorvoegsel’, hoewel er eigenlijk geen sprake is van een voorvoegsel. Voorvoegsels, zoals *ont* in *ontraden*, komen immers niet los voor – behalve dan misschien in *Het boek ont* van de schrijver Anton Valens, met als hoofdpersoon een man die geïntrigeerd is door het voorvoegsel *ont*.

Hoe dan ook: waar zou de neiging vandaan komen om zo vaak een versterkend woord als *super* vast te plakken aan bijvoeglijke naamwoorden? Vermoedelijk heeft het ermee te maken dat betekenissen als het ware langzaam slijten. De taalgebruiker heeft het gevoel extra middelen te moeten inzetten om zijn bedoelingen goed over te laten komen. Wie in een winkel keurig gepast betaalt, krijgt dan ook vaak niet meer een simpel 'bedankt' te horen, maar 'hartstikke bedankt' of 'superbedankt'. Degene die per ongeluk een verkeerde manoeuvre in het verkeer maakt, wordt niet uitgemaakt voor 'klootzak' maar voor een 'vuile klootzak', die 'uit zijn doppen moet kijken'. Tot op een gegeven moment 'hartstikke bedankt' en 'vuile klootzak' ook weer zijn afgesleten. Het is de vraag wat er dan voor in de plaats moet komen.

Super is een van de jongste versterkende voorvoegsels van het Nederlands, hoewel het uiteraard al langer bestaat in *superbenzine* en *supermarkt*. Dat waren min of meer unieke vormen, maar tegenwoordig is *super* heel vaak te horen. Het is enorm productief en kan met veel verschillende bijvoeglijke naamwoorden voorkomen – van *superaardig* en *superabsorberend*, via *supertof* en *supertraag* tot *supervrolijk* en *superzielig*. Bedenk ook dat het bij de 'oude' combinaties – *superbenzine* en *supermarkt* – ging om een zelfstandig naamwoord dat als het ware versterkt moest worden. Dat kan nu uiteraard nog altijd: je kunt een *supervakantie* hebben op een *supercamping* met een *superzwembad*, enzovoort, enzovoort.

Andere voorbeelden van versterkende voorvoegsels zijn het recentere *giga*, *mega* en *über*. Het laatste woord levert mooie combinaties op, zoals *übercool* en *überrelaxed*. *Kei* en *knetter* zijn van oudere datum. Met name in Brabant schijnt *kei* vaak als versterkend voorvoegsel te worden gebruikt.

Meer en minder productief

Ook meer traditionele versterkende voorvoegsels zijn vaak productief (hoewel niet in zo'n sterke mate als *super*), bijvoorbeeld *dood*: *doodgewoon*, *doodmoe*, *doodvervelend*, *doodeng*, *doodkalm*, *doodeenvoudig*, enzovoort. *Bloed* is evenzo geschikt voor allerlei combinaties (*bloedeerlijk*, *bloedlink*, *bloedmooi*, *bloedgeil*, *bloedspannend*, enzovoort). Sommige versterkende voorvoegsels zijn beperkt productief, zoals *kakel* met *kakelvers* en *kakelbont*; ik kwam een enkel geval tegen van *kakelgek*. *Ape* komt ook af en toe voor als versterkend voorvoegsel (*apetrots*, *apezat*, *apestoned*), terwijl *bere* weer wat productiever lijkt: *beregroot*, *beresterk*, *beremoeilijk*, enzovoort. *Reuze* lijkt vooral iets van een vroegere periode. Woorden als *reuzeleuk*, *reuzevervelend* en *reuzespannend* roepen associaties op met de *Joop ter Heul*-boeken van Cissy van Marxveldt of de *Bonte Dinsdagavondtrein*, een radioprogramma uit de jaren vijftig.

Het is opvallend dat veel woorden met een negatieve lading als versterkend voorvoegsel optreden. *Dood* bijvoorbeeld, maar vooral ook woorden die een ernstige ziekte aanduiden: *tering*, *klere* (een vormvariant van *cholera*) en helaas ook steeds vaker *kanker*. Combinaties als *teringherrie* en *klerezooi* komen veel voor in het APN (Algemeen Plat Nederlands). Versterkende voorvoegsels met een negatieve connotatie worden meestal met een negatief bijvoeglijk of zelfstandig naamwoord gecombineerd, zoals in *schijtziek*, *strontvervelend*, *strontlastig* en *stront-eigenwijs*, maar positieve combinaties zijn ook mogelijk. Eerder passeerden *doodgewoon* en *doodeenvoudig* al de revue, maar *kankergoed* en *poepmooi* zijn ook op internet te vinden, terwijl *poepchic* en *strontnuchter* zelfs in een keurige krant staan. Alles kan, lijkt het devies.

Niet productief

Naast de meer of minder productieve voorvoegsels kent het Nederlands ook veel improductieve versterkende voorvoegsels: *klets*, *pijl*, *snip*, *snik*, *snoei*, *piep*, *spek*, *gort*, *spuug* en *spriet* bijvoorbeeld komen als versterking eigenlijk alleen voor in *kletsnat*, *pijlsnel*, *snipverkouden*, *snikheet*, *snoeihard*, *piepjong*, *spekglad*, *gortdroog*, *spuuglelijk* en *sprietmager*. *Pijlvlug* bestaat bijvoorbeeld niet, net zoals *oliedom* veel gebruikt wordt, maar *oliestom* niet. In de 'unieke' combinaties houdt het versterkende voorvoegsel vaak een vergelijking in: zo snel als een pijl, zo droog als gort, enzovoort. Voor *snoeihard* lijkt dat niet op te gaan. Van dergelijke woorden is er in veel gevallen een synoniem voorhanden met een ander versterkend voorvoegsel, zoals *zeiknat*, *door- en doornat* voor *kletsnat*, *bliksemsnel* voor *pijlsnel* of *snotverkouden* voor *snipverkouden*.

Waar een versterkend voorvoegsel vandaan komt, is niet altijd meteen helder, maar enig onderzoek geeft vaak wel uitsluitsel over de herkomst. Neem bijvoorbeeld het voorvoegsel in *ladderzat*. Zo zat als een ladder? Nee, natuurlijk niet. Het voorvoegsel heeft te maken met het werkwoord *ladderen*, dat begin vorige eeuw nog bestond. Het werd gebruikt door studenten en stond voor 'iemand op een ladder thuisbrengen'. Iemand die ladderzat is, is zó dronken dat hij niet meer op zijn benen kan staan, en met behulp van een ladder thuisgebracht moet worden.

Snikheet is, anders dan *snotverkouden*, ook een geval dat op het oog moeilijk te duiden is, maar volgens het etymologisch woordenboek *Van Dale* komt het versterkend voorvoegsel van

snikken: 'krampachtige bewegingen maken, dat wil zeggen moeilijk ademhalen'. Met andere woorden: het is zó heet dat het ademhalen wordt bemoeilijkt. *Takkewijf* laat zich ook niet makkelijk verklaren. Weer volgens *Van Dale* zou *takke* terug te voeren zijn op het Franse *attaque* ('aanval'). Een vrouw die jou wil aanvallen of een vrouw die jij wilt aanvallen?

Nog even terug naar *ladderzat*. Dat woord is min of meer synoniem met *stomdronken*. Dat dergelijke combinaties uniek zijn, blijkt ook uit het feit dat *ladderdronken* en *stomzat* niet bestaan. Maar ook de productievere versterkende voorvoegsels zijn lang niet altijd geschikt voor elke mogelijke combinatie. Naast bijvoorbeeld *doodgewoon* komt *doodongewoon* of *doodbijzonder* niet voor, en evenmin *doodgelukkig* naast *doodongelukkig*. Of toch wel? Jan De Cock schreef het boek *Doodgelukkig leven. Hoopvolle verhalen uit het ziekenhuis*. Dit lijkt wel een ernstig geval van woordspeling (zie ook pagina's 207-221).

Met traditioneel niet bijzonder productieve voorvoegsels is steeds meer mogelijk. Neem nu *knetter*. Van oudsher kennen we *knettergek* en *knetterhard*, maar tegenwoordig kom je ook *knettermooi*, *knettergoed*, *knetterstom* en *knetterleuk* tegen. Er is zelfs een designstudio met de naam *Knetterleuk*. Of het afgeleid is van *knetter* is niet duidelijk, maar *kneiter* als versterkend voorvoegsel is steeds vaker te horen of te lezen: *kneitersnel, kneiterstom* en *kneiterhard.*

Het is ook aardig om te kijken naar het tweede lid van zo'n samenstelling. Met welke voorvoegsels komt het voor? Het Taalloket van het Genootschap Onze Taal geeft het volgende rijtje voor *hard*: *beenhard, bikkelhard, glashard, ijzerhard, kanonhard, knoeperhard, kiezelhard, kneiterhard, kogelhard, loeihard, oerhard* (waar het 'oerend hard' van rockgroep Normaal van is afgeleid), *loeihard, plankhard, snoeihard, spijkerhard, staalhard, steenhard.* Wel vreemd dat *diamanthard* vooralsnog ontbreekt, terwijl diamant toch het hardste natuurlijke materiaal is (er zijn slechts twee chemische verbindingen uit een laboratorium bekend die harder zijn). Maar misschien verschijnt *diamanthard* nog eens, want taalgebruikers zijn altijd bereid nieuwe wegen in te slaan. Zo lijkt *foeilelijk* een mooi voorbeeld van een unieke combinatie, maar enige tijd geleden schreef iemand in de kookrubriek van *de Volkskrant* dat hij een bepaald gerecht *foeilekker* vond. Als dat niet supercreatief is, dan weet ik het niet meer.

‘Studenten onderzoeken “kleur” vanuit verschillende perspectieven en betekenissen.’

Geheimtaal in en over kunst

In 1983 publiceerde Gerrit Komrij een hilarisch stuk over een expositie in Museum Fodor (herdrukt in *Pek en zwavel*, 1997). Daarin schrijft hij, de tentoonstellingscatalogus citerend, onder meer over het gebodene: ‘Ik heb geen klei met papieren frutsels gezien, maar het werk van iemand “die zich bezighoudt met het onderzoeken van materialen zoals papier en klei”.’ Een andere kunstenares was ook bezig met ‘materialen, maar dan “die met een geschiedenis” zoals daar zijn aarde, gras, zaad, zout, ijs en was, op hun plastisch gedrag te onderzoeken’.

In zijn essay in *De Groene Amsterdammer* (21-08-1996) buigt kunsthistoricus Paul Kempers zich ook over de wijze waarop vaak over (beeldende) kunst wordt geschreven. Dit leidt volgens hem in de meeste gevallen tot ‘onbegrijpelijk kunstgezwatel’, zoals: ‘De kunstenaar creëert in zijn werk een “tussenrealiteit” waarin heterogene elementen niet altijd in een logisch verband staan.’ En: ‘De videofilmpjes verraden iets van het onophoudelijke komen en gaan van sculpturale interventies.’ Kempers noemt dit ook ‘mystificatietaal’ – ‘het is de geheimtaal van een beroepsgroep die bewust, zo lijkt het, niet begrepen wil worden om de exclusiviteit van het gezelschap te waarborgen’. Zo, die zit.

Dit taalgebruik is nog lang niet verdwenen uit diverse publicaties en catalogi, zo blijkt; het heeft zich misschien eerder uitgebreid. Komrij vestigde al de aandacht op het 'onderzoeken'. In de wereld van de kunsten wordt er nog steeds veel onderzocht. Voor een expositie in het Stedelijk Museum in Amsterdam onder de titel *Relating (to) color* 'onderzochten studenten "kleur" vanuit verschillende perspectieven en betekenissen'. Dat *kleur* tussen aanhalingstekens staat, moet wel veelbetekenend zijn, waarschijnlijk staat het voor zoiets als 'dat wat we als kleur beschouwen'. Want alles is relatief, nietwaar? Hoewel, dat zou je misschien eveneens moeten onderzoeken. Tijdens de lockdown vanwege de coronacrisis werd museum de Vleeshal als 'winkel' opengesteld met een speciale expositie: 'De deelnemende kunstenaars onderzoeken intussen soeverein hoe "lichaam en psyche" reageren op publieke ruimtes die steeds meer gedomineerd worden door "rationele principes" en "economische motieven".' Ook weer veel aanhalingstekens.

In andere kunstdisciplines wordt eveneens heel wat onderzocht. De site van architectenbureau Studio LA meldt dat 'architectuur een instrument (is) om maatschappelijke kwesties, fenomenen en narratieven te onderzoeken en in nieuw perspectief te plaatsen'. Dit is wel een ernstige vorm van mystificatietaal, waarin waarschijnlijk ook niet toevallig de retorische drieslag zijn opwachting maakt. Bij 'de architectuur als instrument' kunnen vermoedelijk ook alleen ingewijden zich iets voorstellen. Wie altijd het idee had dat architectuur 'de kunst en leer van het ontwerpen en uitvoeren van bouwwerken en de toepassing daarvan' (*Van Dale*) was, zit er behoorlijk ver naast. Het gaat om maatschappelijke kwesties, fenomenen en narratieven (dus eigenlijk alles) die worden onderzocht, en de uitkomsten van dat onderzoek moeten dan kennelijk resulteren in een gebouw of het ontwerp van een gebouw.

In het lingo van de architectuur maakt men vaak handig gebruik van woorden om bijvoorbeeld te rechtvaardigen dat een hoogst afwijkend gebouw toch in de omgeving past. Dan is dat gebouw (of wangedrocht) plotseling een *commentaar* op de gebouwen eromheen. Totaal andere kleur? Geen probleem: een

commentaar. Andere materialen? Idem dito. Misschien nog beter is het argument dat het nieuwe gebouw een *dialoog* aangaat met de omgeving. Doet het ook altijd goed, een dialoog.

Over een fotograaf wordt gezegd: 'Zijn projecten komen voort uit het onderzoeken van de interne vragen die hij zichzelf stelt én de externe vragen die hij de wereld stelt.' Te begrijpen zou nog zijn geweest: 'Zijn projecten komen voort uit de vragen die hij... enzovoort.' Maar nee, het *onderzoek* moet het kennelijk meer gewicht geven. Een andere fotograaf '(...) onderzoekt de positie van de fotograaf en stelt die ter discussie (...) moet de macht bij de fotograaf liggen of bij de mensen die hij of zij fotografeert?' Volgens *NRC* 'onderzoekt' fotograaf Erwin Olaf 'voor het eerst reizen en de interactie met de natuur'.

Ook in het theater heeft het 'onderzoek' zijn intrede gedaan. De ene theaterschrijfster 'onderzoekt de dingen waar we het meeste angst voor hebben', de andere 'onderzoekt interessante aannames over identiteit, waarheid en waarachtigheid' (weer de drieslag!), een volgende 'onderzoekt (...) welke sporen het koloniale verleden, inclusief de Japanse bezetting en de daaropvolgende onafhankelijkheidsstrijd, nalaat in een familie'. Bij Toneelgroep Oostpool 'onderzoeken regisseur en acteurs het idee van onvoorwaardelijke moederliefde, daar waar een strenge religieuze overtuiging het accepteren van een andere seksuele voorkeur (ogenschijnlijk) onmogelijk maakt'. Dit klinkt toch anders (en misschien subsidiabeler) dan bijvoorbeeld: regisseur en acteurs werken aan een toneelstuk over het al of niet accepteren van homoseksualiteit door ouders. Volgens *de Volkskrant* over een dansperformance is 'huppelen (...) een kinderlijk vrolijk soort lichamelijk onderzoek. Onderzoek naar hoe we ruimte ervaren, hoe het voelt om te bewegen (...)'. Toneelgroep De Warme Winkel maakt een toneelstuk op basis van het tv-programma *Temptation Island*, waarin vooral jonge vrouwen worden verleid om seks te hebben met een ander dan hun vaste partner: 'De makers onderzoeken onder meer de ironische humor van het programma, die leunt op grappen over klassenverschillen en opleidingsniveau.'

In de literatuur wordt eveneens het een en ander onderzocht, en dan gaat het niet om de feitelijke research die de schrijver doet voor hij of zij aan het eigenlijke schrijven begint. Het internationale literatuurfestival Amsterdam 'onderzoekt graag de grens tussen literatuur en journalistiek op verschillende plekken in de wereld'. De Ierse romancier Sebastian Barry zou de 'complexe relatie (van Ierland) met Groot-Brittannië' onderzoeken. Schrijfster Marijke Schermer 'onderzoekt de verhoudingen tussen mensen, probeert de leidende motieven bloot te leggen en drijft die op de spits'. (Vraag: kun je motieven op de spits drijven?) Een kop in *NRC*: 'In vier romandebuten wordt de rol van kunst onderzocht om te kijken waar de schrijvers in de wereld staan.' Maar wacht eens even, die kunst zelf is ook weer het resultaat van onderzoek, dus dit wordt onderzoek in het kwadraat. Een vergelijkbare constatering zou Komrij vermoedelijk graag in een sarcastische opmerking hebben verwerkt.

‘Heeft u zelf het idee dat u een antwoord geeft op mijn vraag?’

Wegduikende politici

In de top van de politieke partij DENK heeft in het voorjaar van 2020 iedereen ruzie met iedereen. Hoofdpersonen zijn de drie kamerleden Tunahan Kuzu, Selçun Öztürk en Farid Azarkan. Voor buitenstaanders is het op een gegeven moment volstrekt onduidelijk wie wie uit de partij heeft gezet of heeft ontslagen. Öztürk, niet alleen lid van de Tweede Kamer, maar ook partijvoorzitter, wordt 10 mei uitgenodigd door het programma *Buitenhof* om tegenover presentator Twan Huys uit te leggen hoe een en ander in elkaar zit. Huys constateert dat er een dieptepunt is bereikt in de partij van Öztürk en hij stelt de volgende vraag: ‘Heeft u nagedacht over uw eigen positie, wat u gaat doen?’ Öztürk reageert als volgt: ‘Nou, weet u. DENK is een ledenpartij. Wij zijn een partij die opkomt voor onrechtvaardigheden in de samenleving (sic). Wij hebben ervoor gezorgd dat de stem van de ongehoorden gehoord is de afgelopen jaren. (...) Maar uiteindelijk gaat het erom dat we uiteindelijk aan deze tafel bij elkaar komen om... of misschien aan een andere tafel om voor te zorgen dat DENK de stem van de ongehoorden ook in de nieuwe periode gehoord zal worden.’ Het is duidelijk dat de partijvoorzitter absoluut geen zin heeft om werkelijk op de vraag van Huys in te gaan, maar alleen de gelegenheid van dit tv-optreden aangrijpt om de partijslogan (ervoor zorgen dat de stem van de ongehoorden wordt gehoord) onder de aandacht te brengen. Hier is de tactiek: ik verleg het aandachtspunt van mijzelf naar de partij en haar doelstellingen.

Na wat heen en weer gepraat komt de vasthoudende Huys terug op zijn oorspronkelijk vraag: 'Maar nu het antwoord op mijn vraag. Wat gaat u doen?' Dan kiest Öztürk opnieuw een sluipweg en zegt: 'Nou, ik heb net gezegd, wij zijn een ledenpartij. We gaan naar de ledenvergadering.' Dus hier wijst de in het nauw gebrachte politicus weer op het gepretendeerde democratische karakter van de partij. Het is misschien wel aardig om te weten dat vier dagen voor dit interview het partijbestuur, bestaande uit Öztürk en Zahir Rana, fractieleider Farid Azarkan het lidmaatschap van DENK ontnam, zonder enige inspraak van andere leden. Dat de drie kemphanen, Öztürk, Kuzu en Azarkan, enkele weken later (zogenaamd) vrede sluiten is gezien de chaotische voorgeschiedenis ook weer niet verbazingwekkend.

Een wolk van woorden

Het verbale mistgordijn dat Öztürk optrekt, is vaker waar te nemen in interviews met politici. Wopke Hoekstra wordt vaak geïnterviewd in het voorjaar van 2020, vooral over de vraag hoeveel geld de EU beschikbaar moet stellen voor de zwaar door corona getroffen zuidelijke lidstaten, met name Italië en Spanje. Nederland voelt er met enkele andere landen niet voor daar veel geld voor uit te trekken en bovendien moet de steun voornamelijk uit een lening bestaan. Dat leidt tot een kleine crisis in de EU. In het programma *Een vandaag* legt Roos Mogré daarom de volgende vraag aan Hoekstra voor: 'Is deze crisis, denkt u, een gevaar voor Europa?' 'Nou,' antwoordt Hoekstra, 'het is zeker waar dat we met een enorme gezondheidscrisis te maken hebben en wat zo-even ook werd gezegd, is dat de gevolgen voor de economie heel groot zijn. Tegelijkertijd moet je dus naast solidariteit laten zien, moet je ook doen wat verstandig voor juist die economie op de lange en de korte termijn. Dat geldt dus ook voor die afspraken die we vannacht hebben proberen te maken.'

Hoekstra produceert weliswaar een wolk van woorden – die ook niet allemaal keurig grammaticaal in het gelid staan –, maar is daaruit een antwoord op de vraag te destilleren? Nee. Van de aan de orde zijnde (politieke) crisis in de EU schakelt hij zonder blikken of blozen over op de gezondheidscrisis en de economische consequenties. Dat is een techniek die vaker wordt gehanteerd door politici: ze gaan door op een kwestie die zijdelings verband houdt met de vraag en negeren de vraag zelf of ze openen een veel breder perspectief waarin die vraag als het ware ten onder gaat.

Maart 2021 worden lijsttrekkers van de politieke partijen die meedoen aan de Tweede Kamerverkiezingen scherp ondervraagd in het tv-programma *Nieuwsuur*. Lilian Marijnissen zit aan tafel bij Jeroen Wollaars. De peilingen zijn op dat moment verre van florissant voor de SP. Wollaars legt dit voor aan Marijnissen. 'In een tijd dat de ongelijkheid groeit, dat er een centrumrechts kabinet aan de macht is, een ongekende recessie... eh, je zou zeggen: alle seinen staan op groen. Of op rood zo u wilt.' Een klein lachje van Marijnissen, en dan stelt Wollaars zijn eigenlijke vraag: 'Wat hebt u fout gedaan?' Het is zonneklaar dat Marijnissen koortsachtig probeert een bevredigend antwoord te bedenken. Ze kan natuurlijk niet blijven zwijgen, dus beperkt ze zich voorlopig tot enkele trivialiteiten: 'Ja... ja... terechte vraag, dat vragen wij ons natuurlijk ook af. Het is wel zo dat we nog volop in de campagne zitten natuurlijk.' Wollaars interrumpeert met: 'Nog twaalf dagen te gaan.' Marijnissen negeert die opmerking en gaat verder met een reactie die

maar geen antwoord op de gestelde vraag wil worden: '... en alles uit de kast zullen halen voor een mooie uitslag op 17 maart (clichés worden niet geschuwd, RA). Maar überhaupt zie je dat natuurlijk links in zijn algemeenheid er niet al te best voorstaat in een tijd waarin je politiek gezien zou zeggen: het komt onze kant op.' Zo gaat de SP-lijsttrekker nog een tijdje door en ze eindigt dan als volgt: 'Ik denk zelf wel, maar ik kan niet in de hoofden van de kiezers kijken, dat ook wel de coronacrisis, ja, het maakt wel een gemankeerde campagne van deze campagne. Ik denk dat we dat niet kunnen ontkennen.' Zo komt Wollaars niet verder, dus hij probeert nog eens een variant op zijn oorspronkelijke vraag: 'Maar ligt het aan de kiezers of ligt het aan u?' Marijnissen antwoordt dat het nooit aan de kiezers ligt. Die bepalen hoe groot de SP op 17 maart wordt, 'en daar zullen we het mee moeten doen'.

Maar die reactie, waarin de vraag met betrekking tot de schuld van de partij weer wordt ontweken, daar doet Wollaars het zeker niet mee. In zijn volgende vraag heeft hij het niet meer over 'de partij', maar over Marijnissen zelf: 'Wat hebt u dan... nou, persoonlijk, fout gedaan in de afgelopen vier jaar?' Vervolgens produceert zij weer iets wat eveneens als een 'wolk van woorden' is te omschrijven: 'Nou, ik denk dat het ons, maar ik denk dat überhaupt links... want er gebeurt al een jaar lang niks in de peilingen, überhaupt niet... de VVD is heel groot en daar houdt het dan een beetje mee op, maar zeker niet op links. Ik denk dat er voor ons wel echt uitdagingen liggen (uitdagingen, weer zo'n cliché, RA) om ook duidelijk te maken dat ook nu, nu iedereen bezig is met de coronacrisis, aan het discussiëren is over de maatregelen, wel of niet de terrassen open, wie wordt als eerste gevaccineerd, maar deze verkiezingen gaan natuurlijk over veel meer. Die gaan over wie gaan straks de rekening van de crisis betalen.' Wollaars: 'Maar misschien...' Marijnissen lijkt nu eindelijk, na vele omzwervingen, een in ieder geval enigszins bevredigend antwoord te hebben gevonden op de vraag die Wollaars eerder stelde: 'En ik denk dat het ons onvoldoende lukt, om dat ook maar gelijk toe te geven, om ervoor te zorgen dat het daar ook over gaat.'

'Hè, hè,' zucht menig tv-kijker. 'Was dat nou zo moeilijk?'

Ontwijken en nog eens ontwijken

Hugo de Jonge, in 2020 en 2021 veel in het nieuws als minister van VWS ('coronaminister' werd hij wel genoemd) beheerst het kunstje om vragen te ontwijken al tamelijk lang. Je zou bijna denken dat hij het bij zijn geboorte heeft meegekregen. 'Heb je je eten al op, Hugo?' 'Het waren gebakken aardappeltjes, een balletje gehakt en worteltjes, maar de worteltjes waren...' 'Dat vroeg ik niet, Hugo. Is je bordje al leeg?' 'Het gehakt was wel lekker, maar de worteltjes zijn eigenlijk niet helemaal gaar en daarom...' Enzovoort, enzovoort.

In *Nieuwsuur* wordt De Jonge in 2011, in zijn functie van wethouder van Rotterdam, aan de tand gevoeld door Twan Huys. Het onderwerp van gesprek is de Rotterdamse maatregel om ouders die zich schuldig hebben gemaakt aan kindermishandeling tijdelijk, bijvoorbeeld voor twee weken, uit huis te plaatsen. Huys vraagt wat het nut is van die tijdelijke uithuisplaatsing, omdat de schuldige na een paar weken weer terug is, waarna de ellende mogelijk weer van voren af aan begint. 'Ja, kijk 's,' antwoordt De Jonge, 'kindermishandeling is een heel fors probleem. Zo één op de dertig kinderen heeft te maken met kindermishandeling.'

Maar dat vraagt Huys niet, hij vraagt naar het nut van de nieuwe Rotterdamse maatregel en niet naar de mate waarin kindermishandeling plaatsvindt. De Jonge heeft de zaak verbreed door dat onderwerp aan te snijden en hij lijkt in zijn (al of niet bewuste) opzet te slagen, want Huys volgt hem daarin aanvankelijk. Maar dan gaat de presentator terug naar het oorspronkelijke punt: 'Verdient een ouder het eigenlijk om terug te komen in een huis waar die zijn kind mishandeld heeft? Want het gaat natuurlijk vaak om mannen.' De Jonge negeert de vraag of de ouder het wel verdient om terug te mogen komen, maar gooit het weer over een andere boeg, de boeg van de bestuurder die graag over 'het systeem' praat en de realiteit, de concrete, praktische vraag bij voorkeur onbeantwoord laat: 'Wat ik zeg, het gaat om een time-out. In die periode kan hulpverlening worden opgestart, kan een onderzoek worden opgestart naar wat eigenlijk de beste weg is om ook in díe situatie, voor dát kind een veilig thuis te bieden.' Iets opstarten, ook weer zo'n heerlijke term uit de politiek-bureaucratische wereld. Als je maar iets opstart en als er dan ook nog een onderzoek wordt uitgevoerd, dan moet het op den duur vanzelf goedkomen.

Huys keert toch weer terug naar de (harde) praktijk: 'En heeft u in Rotterdam de capaciteit bij de politie om zo'n huis, vierentwintig uur per dag, zeven dagen per week in de gaten te houden om ervoor te zorgen dat zo'n ouder niet terugkomt die uit het huis is gezet?' Wie verwacht dat er een reactie komt in de trant van 'Ja, we hebben die capaciteit, want... enzovoort, enzovoort' komt bedrogen uit. De Jonge begint zijn antwoord wel met 'Ja', maar dan vervolgt hij met: 'Het huisverbod is mogelijk sinds 2009 en er zijn in Rotterdam zo'n duizend huisverboden, ruim duizend huisverboden afgegeven en ook in de afgelopen periode is dat gelukt, dus we hebben de nodige ervaring opgedaan daarmee. Dus ik denk dat dat goed mogelijk is.'

Ook hier hanteert De Jonge weer de techniek van het veralgemeniseren om geen concreet antwoord op de vraag te hoeven geven en Huys, die zichtbaar moe wordt van het wegduikgedrag van De Jonge, geeft het op. Voor De Jong geldt waarschijnlijk: missie geslaagd.

Veel woorden, geen antwoord

Op 9 oktober 2018 is Rob Jetten als kersverse fractievoorzitter te gast in het praatprogramma *Pauw*. Zojuist is bekend geworden dat Jetten Alexander Pechtold zal opvolgen als fractievoorzitter op voordracht van Pechtold, die de Tweede Kamer verlaat. Jeroen Pauw is benieuwd wanneer dat geregeld of afgesproken is tussen de oude en de nieuwe fractievoorzitter en hij vraagt: 'Wanneer vertelde Alexander Pechtold het aan u, eigenlijk?' Het woordje 'het' slaat hier op het voorstel aan de fractie. Curieus is dan dat Jetten zijn antwoord begint met: 'Alexander heeft...' Het lijkt er even op dat de jonge politicus van plan is te vertellen wanneer Pechtold hem heeft gepolst of hij de fractie

wil gaan leiden, maar dan pauzeert hij kort voor hij verder gaat: 'We hebben zaterdag een heel mooi partijcongres gehad en hij heeft zaterdagochtend de fractie geïnformeerd.' Dat partijcongres, daar vroeg Pauw niet naar, maar Jetten vervolgt met: 'Ik wist het zelf al ietsje eerder omdat ik met een aantal mensen ook het afscheid van Alexander moest voorbereiden, maar zaterdagochtend was echt het moment waarop hij het de fractie mededeelde.'

Pauw komt terug op dat 'ietsje eerder' en vraagt: 'En hoeveel eerder wist u het dan?' 'Nou,' antwoordt Jetten, 'wij wisten het een paar weken eerder met een klein gezelschap zodat we dat mooie afscheid van Alexander konden voorbereiden.' Het is duidelijk. Jetten wil graag praten over het congres en het 'mooie afscheid' van Pechtold, maar dat er misschien sprake is geweest van een een-tweetje tussen Pechtold en hem, nee, daar wil hij het kennelijk niet over hebben. Pauw stelt vervolgens: 'En u wist het alleen maar omdat u het afscheid moest voorbereiden?' 'Ja, dat was het allerbelangrijkste,' antwoordt Jetten, die kennelijk wil doen geloven dat zo'n mooi afscheid belangrijker is dan het kiezen van een nieuwe fractievoorzitter en mogelijk politiek leider van de partij.

Dan gaat de discussie verder, waarin Pauw blijft proberen om Jetten een uitspraak te ontlokken over afspraken tussen hem en Pechtold, maar Jetten keert telkens terug naar het belangrijke werk dat Pechtold de afgelopen twaalfenhalf jaar heeft gedaan voor D66, dat het afscheid op het congres zo mooi was, dat het ook goed en zonder er enige ruchtbaarheid aan te geven moest worden voorbereid. Pauw lijkt dat doorzagen over het congres behoorlijk beu en hij vraagt: 'Of zou het kunnen zijn dat u in stilte al enkele weken bent voorbereid om de nieuwe leider van de partij te worden?' Dan gaat het als volgt verder (RJ is Rob Jetten, JP is Jeroen Pauw):

RJ: Nee, dat hebben we niet gedaan. We hebben als fractie de afgelopen dagen goed met elkaar gesproken, even de koppen bij elkaar gestoken, hoe gaan we nu verder?

JP (met ironisch opgetrokken wenkbrauwen): Ja?

RJ: Vandaag heeft de fractie mij formeel als fractievoorzitter gekozen.

JP: Dat is de formele route. En de informele route, was die al eerder ingezet?

RJ: Nou, we hebben de afgelopen dagen, na het congres veel contact met elkaar gehad en natuurlijk ook gister met elkaar als fractie gesproken, maar echt vandaag pas die keuze gemaakt.

JP: U houdt het liever bij het formele antwoord.

RJ: Nou ja, d'r is geen ander antwoord. Vandaag hebben mijn collega's unaniem gezegd...

JP: Ja.

RJ: Jij mag het stokje nu overnemen en ik ben heel blij met dit vertrouwen.

JP: Maar is het niet zo dat u toch al een aantal weken wist van ik ben toch het lievelingetje van Pechtold, dit komt wel goed en anderen willen het ook wel, dus ik ga me langzaam een beetje voorbereiden en dan zeggen we naar buiten toe dat ik hem heb geholpen bij die toespraak die hij dan op zaterdag houdt.

RJ: Nou, de afgelopen dagen zagen we allerlei namen voorbijkomen voor het leiderschap van D66 en eerlijk gezegd ben ik er ook wel trots op dat dat kan, dat we in het kabinet hele goeie mensen hebben zitten, dat we in de fractie ook meerdere mensen hebben zitten die die fractie ook kunnen leiden. Nou ja, mooi dat mijn collega's vandaag het vertrouwen aan mij hebben gegeven.

JP: Heeft u zelf het idee dat u een antwoord geeft op mijn vraag?

RJ: Nou ja... het is wel hét antwoord dat ik kan geven op jouw vraag.

Hierna gaat het verder over andere kwesties. Het is overigens opvallend dat Pauw 'u' blijft zeggen, terwijl de kersverse fractievoorzitter hem amicaal tutoyeert, zelfs met *jouw* en niet met het minder nadrukkelijke *je*.

Jetten wil het over alles hebben en vooral een positieve houding uitstralen met de trots op het werk van de fractie, de 'goeie mensen in het kabinet' (wat niets met het onderwerp te maken heeft) en het vertrouwen van zijn collega's. Maar de suggestie dat hij met Pechtold zijn kandidatuur voor het fractievoorzitterschap heeft voorgekookt, blijft hij uit de weg gaan. Opvallend genoeg *ontkent* hij ook niet dat dat het geval geweest is, want wie weet, de waarheid komt misschien ooit aan het licht en dan zou hij zich schuldig hebben gemaakt aan een leugentje. Jetten doet hier dus ook wat veel andere politici doen: een vraag niet beantwoorden omdat het oprechte, eerlijke antwoord hem mogelijk in een lastig parket kan brengen.

Politici duiken vaak weg, maar het lijkt soms of ze steeds weer opduiken. Helaas meestal met dezelfde ontwijkende praatjes.

‘Hij hangt alleen nog een beetje aan het elastiek.’

Wielerverslag

204 ‘In deze zeventiende etappe van Saint-Absurdité naar Flux-de-Bouche rijden we met nog zo’n twintig kilometer tot de meet met een kopgroep van zeven man, die een voorsprong hebben van bijna anderhalve minuut op het peloton, waar de Astana’s zich nu op kop gezet hebben, terwijl in die kopgroep naar elkaar wordt gekeken van gaan we rijden of gaan we niet rijden, en Marc Soler van Movistar waar hij meestal zijn kopman Valverde op het vlakke stuk uit de wind moet houden... Soler, die fietst nu alsof-ie zijn meeste kruit verschoten heeft, hij lijkt helemaal uitgepierd, het is meer harken dan fietsen wat-ie doet, hij hangt alleen nog een beetje aan het elastiek... Hij lijkt van voren niet meer te weten dat hij van achteren aan het fietsen is. Alaphilippe kijkt eens om zich heen wat voor vlees hij in de kuip heeft. Volgens mij is hij een beetje aan het linkeballen, net als in de etappe naar Pommeville, waarin hij... Maar daar gooit Van Avermaet een flinke schep kolen op het vuur, dit is echt een etappe voor de Belg die in 2016 in Brazilië Olympisch kampioen werd en in 2017 zijn beste jaar had met overwinningen in Gent – Wevelgem, Omloop het Nieuwsblad en Parijs – Roubaix, terwijl hij tweede werd in de Ronde van Vlaanderen... Van Avermaet, ooit gezien als de opvolger van

wielerlegende Eddy Merkx, maar welke succesvolle coureur in België is dat niet... Van Avermaet heeft kennelijk goeie benen vandaag en gaat ervandoor alsof hij op de vlucht is voor zijn bazige schoonmoeder... tien meter... twintig, dertig meter..., hij rijdt volle bak door, Kwiatkowski probeert het gat dicht te rijden, dezelfde Kwiatkowski die in 2015 met de vinger in de neus de Amstel Gold Race won, ruim voor titelverdediger Philippe Gilbert, de Waal, overigens de winnaar van de Ronde van Vlaanderen van 2017 waarin Van Avermaet dus tweede werd... Gilbert, die dit jaar na een val in de eerste rit de Tour moest verlaten met een gebroken knieschijf net als John Degenkolb die niet binnen de tijdslimiet binnenkwam, volledig leeggereden... Degenkolb die dit voorjaar, in Parijs-Nice, de rit naar de zon, eindigde op een achttiende plaats, waar hij in geen enkele etappe kort wist te finishen, terwijl de winst naar de relatief onbekende Maximilian Schachmann ging, wiens vader in 1984 als renner in Rund um den Henninger Turm een voorsprong van bijna een halfuur had op het peloton, maar ruim een kilometer voor de meet het onderspit moest delven als een soldaat die vlak voor hij de overwinningsvlag wil planten, toch nog sneuvelt en in diezelfde editie reed ook Joop Zoetemelk, die een jaar later verrassend wereldkampioen werd, nadat hij in 1980 de Tour had gewonnen, als eerste Nederlander na Jan Janssen die op de laatste Tourdag in de afsluitende tijdrit de Belg Herman Van Springel wist te verslaan, iedere rechtgeaarde wielerliefhebber zal zich de huilende Janssen, de gebrilde Nootdorper, nog kunnen herinneren, terwijl favoriet Van Springel zijn wonden likte, Herman Van Springel uit Grobbendonk, waar hij in café 't Toreke een huwelijksaanzoek deed... Bij Van Avermaet is kennelijk de pijp leeg, want hij wordt nu bijgehaald en...'

‘Kitbedrijf AreYouKittingMe’

Woordspelingen

In het katern *V* van *de Volkskrant* van 18 november 2020 stond een artikel over terrorisme-expert Loretta Napoleoni. Na dertig jaar ‘ontplofte’ haar huwelijk (zie voor ‘ontploffen’ pagina’s 130-132), toen ze ontdekte dat haar man gelogen had over zijn financiële toestand. Hij bleek torenhoge schulden te hebben, waar zij wettelijk medeverantwoordelijk voor was. De persoonlijke crisis waar ze dientengevolge in belandde, wist ze te overwinnen door te gaan breien. Ja, u leest het goed, *breien*. En hoe werd het artikel met grote letters aangekondigd op de voorpagina van het katern *V*? Met ‘Er een begin aan breien’. En of één woordspeling nog niet voldoende was, luidde de kop van het artikel ‘De draad weer oppakken’.

In de jaren vijftig en zestig van de vorige eeuw waren woordspelingen populair. Ze golden als ‘spits’ en zouden getuigen van een grote en speelse taalvaardigheid, misschien wel op ‘verbale intelligentie’, hoewel dat woord toen weinig werd gebruikt. Seth Gaaikema, destijds een veel geroemde cabaretier en tekstdichter, stond bekend als een meester in woordspelingen. Het volgende versje was van hem: ‘Ik zie een Bode Graven / aan de oever van de Rijn. / En een boer die naar z’n Zwijn Drecht. / Z’n zwijn kwam in de Rijn terecht / en zal daar nog wel zijn. // Ik zie een Hinde Lopen / daar bij de rivier. / 't Scheelde weinig of ik Hat'tum', enzovoort. Gaaikema stelde in een conference voor – toen hij zelf al behoorlijk op leeftijd was – om 'van ouderdom ouderslim' te maken. Hij werd uiteindelijk zelf het doelwit van woordspelingen: men noemde hem soms Geth Saaikema, of Zeikema.

Hedendaagse cabaretiers spelen in hun voorstellingen minder op deze manier met taal. Van Freek de Jonge is de volgende: 'Er zijn er die met troost de kost verdienen... de broodtrooster!' en Youp van 't Hek – die later nogmaals aan bod zal komen – vertelde het publiek dat hij goed zijn brood kon verdienen (weer brood... kan geen toeval zijn), dat hij zelfs zoveel brood verdiende, 'dat (hij) een deel zou kunnen beleggen'.

Nadat ze lang vooral als melig en ouderwets werden beschouwd, lijken woordspelingen een opvallende comeback te hebben gemaakt in het nieuwe millennium. In alle media zijn ze te vinden. De volgende twee voorbeelden komen weer uit *de Volkskrant*. Een artikel over schrijver Said El Haji, die lessen Nederlands ging geven aan migranten, werd aangekondigd met de kop 'Les is more'. En voor een artikel over volkstuintjes was 'Composthoop doet leven' bedacht. Een bijlage van *NRC* bevatte een artikel over de genoegens van het 's zomers rijden in een cabriolet, uiteraard met open dak. Op de eerste pagina stond al 'Het dak eraf', en – om in de woordspelige sfeer te blijven – verderop 'Laat maar waaien'.

Opvallend is dat vaak al of niet licht gewijzigde standaardfrases of uitdrukkingen worden gebruikt. Zo stond boven een artikel over de financiële problemen van boekhandelaren tijdens de coronacrisis: 'Boekje voor het bloeden'. Een relatief nieuw verschijnsel als de podcast roept ook meteen woordspelingen op. De 'Cor Potcast', die refereert aan voetbaltrainer Cor Pot, gaat over voetbal. Er is een 'Vogelspotcast' voor vogelaars. De 'Bobcast' is een podcast over Bob Dylan en de podcast 'Wat de pod schaft' gaat over 'eten, boeken en het leven' (dus over alles). Het woord *influencer* leent zich uiteraard ook voor woordspelingen. Een *finfluencer* is iemand die financiële adviezen verleent, een *zenfluencer* verzorgt holistische therapie of mindfulnesstrainingen, een *fitfluencer* adviseert fysieke trainingen en een *vaccinfluencer* probeert mensen ertoe aan te zetten om zich te laten vaccineren tegen covid-19.

Op alle terreinen dringt de woordspeling door. Zo staat er in een advertentie voor een Zenfilosofiecursus: 'Acht onlinecolleges met zenvolle antwoorden op de grote levensvragen.' Redacteuren wringen zich soms in de vreemdste verbale bochten om tot een woordspeling te komen. In de *VPRO Gids* werd een film over een man en zijn kind-robot Elli aangekondigd met *Griez-Ellig*. Die scoort hoog in de strijd om de Seth Gaaikematrofee.

Woordspelingen komen niet alleen voor in wat vaak 'de serieuze media' genoemd worden. *RTL Boulevard* is een programma met vooral allerlei roddels uit de wereld van show, tv en koningshuizen. Bij vrijwel elk onderwerp wordt een gekleurd balkje getoond met daarin een woordspeling, bijvoorbeeld *Persweeën* toen het ging om de manier waarop de media omgingen met de geboorte van een koninklijk kind. *Pinnen zonder kloppen* was te lezen bij een bericht over het hacken van banken. Een item over prinses Beatrix die haar garderobe zou gaan saneren, werd aangekondigd met *Klerenklus*. In *De Telegraaf* heette minister-president Mark Rutte een keer *Marx Rutte* toen het ging om een (volgens de krant en veel van haar lezers) te links beleidsvoornemen.

Onbedoelde woordspelingen zijn – misschien wel juist vanwege dat onbedoelde – de leukste. Zo stond er in *NRC* een artikel over de problemen van grote hotels (met restaurants) in de coronacrisis. De plaatsvervangend directeur van het Okurahotel (met een Japans restaurant) kwam ook aan het woord. Zij zei onder meer het volgende: 'We kunnen onze gasten geen totaalbelevenis meer bieden. We kunnen immers niet de teppanyakiplaat (een type grillplaat, RA) naar een kamer verplaatsen. We hebben wel een bezorgdienst opgezet. Okura at Home, met maaltijden geïnspireerd op onze restaurants. Dat loopt erg leuk. Voordat we sloten, misten we de internationale reiziger al ontzettend. Het lukte tot op zekere hoogte om de lokale reiziger binnen te halen. Maar dat was toch een druppel op een gloeiende plaat.' Of dat de teppanyakiplaat in de eigen keuken was, werd niet vermeld.

Kees van Kooten muntte ooit de woordspeling 'natuurleuk' voor iemand die van nature leuk is en voor iets wat niet bedacht, maar ongekunsteld grappig is. Hij gebruikte een afleiding van het woord in de ondertitel van de bloemlezing *Mijn plezierbrevier*: 'De natuurleukste korte verhalen volgens mij' (2006). Hierboven staan al enkele woordspelingen en hieronder volgen er nog veel meer. De lezer moet zelf maar uitmaken of ze al of niet natuurleuk zijn.

Soorten: het eerste type*)

Er zijn verschillende manieren om met taal te 'spelen'. Volgens mij zijn er vijf soorten woordspelingen te onderscheiden. Het eerste type is simpel: een woord of uitdrukking wordt in twee betekenissen gebruikt, een letterlijke en een figuurlijke. 'Laat maar waaien' heeft normaal gesproken een figuurlijke betekenis, maar in de hierboven aangehaalde *NRC*-kop gaat het natuurlijk ook letterlijk om de wind die om het hoofd waait van mensen in een cabriolet. 'De draad weer oppakken' heeft vrijwel altijd een figuurlijke betekenis, maar wanneer het om breien gaat, wordt tegelijkertijd de letterlijke betekenis geïmpliceerd. Je kunt je brood beleggen, maar je kunt ook geld beleggen. Grappig? Daarover bestaat verschil van mening, zoals wel vaker over zaken die de een humoristisch vindt en de ander bijzonder flauw. Hieronder volgen meer voorbeelden van het eerste type woordspelingen:

- HEMA, de gewoonste zaak van de wereld.
- Bij ons zit u gebakken (achter op een vrachtwagen, alweer van de HEMA; er was een tompouce bij afgebeeld, dus had de tekst ook kunnen luiden: ons gebak is niet voor de poes).
- Patina, beter op de hoogte van daken (slogan van een dakdekkersbedrijf).
- Harde les (kop boven een artikel over de Amsterdamse nachtclub De school die veel kritiek kreeg omdat hij te 'wit' zou zijn, onder meer wat betreft personeelsbeleid).

* Een aantal voorbeelden is overgenomen van de wekelijkse pagina in *de Volkskrant* over taal.

- Uitgemolken (kop boven een tv-recensie in *de Volkskrant* over een programma waarin wordt geprobeerd het succes van *Boer zoekt vrouw* voort te zetten).
- Kunststof (radioprogramma over kunst en cultuur; hier lijkt de oorspronkelijke betekenis volledig verdwenen).
- Sterrenslag (oorspronkelijk een tv-programma waarin bekende Nederlanders in teams fysieke opdrachten moesten uitvoeren; in dit geval de kop boven het artikel over een kok die zijn 'sterrenrestaurant' sluit – hier zijn dus niet meer beide betekenissen van toepassing).
- Schaap legt verkeer op snelweg lam (behoeft geen toelichting).
- Gun uzelf welvarende feestdagen (reclameleus voor een luxecruise).
- Valencia uitgeperst (kop van een artikel over een voetbalwedstrijd waarin Ajax ruim won van Valencia, de Spaanse sinaasappelstad).
- Er gaat niets boven Groningen (nu ja, misschien een gebied dat niet geteisterd is door aardbevingen).

Soms is er zo krampachtig naar een 'leuke' woordspeling gezocht, dat er nauwelijks meer enig verband is tussen de letterlijke en de figuurlijke betekenis van een woord of uitdrukking, zoals in de advertentie voor een vermageringsmiddel: 'Daar zakt je broek echt van af!' met daarbij een foto van een vrouw die een te ruime broek ver van haar buik houdt. De uitdrukking 'daar zakt mijn broek van af' betekent vooral dat iemand onaangenaam verrast of verontwaardigd is, maar er zal toch niet bedoeld zijn dat de verdwenen kilo's voor een onplezierige verrassing zorgen.

Het tweede type

Het tweede type lijkt veel op het eerste, maar het gaat niet meer om spelen met een figuurlijke en letterlijke betekenis. Het betreffende woord of de frase is alleen als woordspeling te interpreteren als je de context kent, zoals in de volgende voorbeelden:

- Moes (destijds de eet- en drinkgelegenheid bij het Amsterdamse centrum voor Beeldende Kunst De Appel).
- Shit happens (reclameleus van een bedrijf dat rioolservice biedt, evenals voor het bedrijf 'WC-tje verhuur').
- As best as we can (idem van een bedrijf voor verwijdering van asbest).
- Kapsones (naam van een kapsalon; waarschijnlijk ironisch bedoeld; 'Kap-zones' bestaat ook).
- Episodes (titel van een boek van Kees van Kooten over zijn kleinzoon, die zijn opa 'Epie' noemt, terwijl het boek gezien kan worden als een verzameling odes aan de kleinzoon, dus Epies odes).
- De laatste hoop (leus van een bedrijf voor mollenbestrijding).
- Beleggingen (op het reclamebord van een slagerij).
- Hoge bomen (naam van het tv-programma waarin zanger-presentator Jeroen van der Boom bekende Nederlanders interviewt).

Het derde type

In het derde type woordspeling worden woorden of uitdrukkingen licht veranderd, zodat meestal de oorspronkelijke betekenis gehandhaafd blijft, terwijl een extra of nieuwe betekenis op z'n minst wordt gesuggereerd, zoals bij 'Marx Rutte' in de inleiding. Aan de ene kant is duidelijk naar welke persoon wordt verwezen, maar tegelijk wordt de link gelegd met communist Karl Marx. De naam van het kitbedrijf in de kop van dit verhaal, 'AreYouKittingMe', hoort ook thuis in deze categorie, hoewel de betekenis van de Amerikaans-Engelse uitdrukking 'Are you kidding me?' hier niet lijkt mee te spelen.

Andere voorbeelden zijn:

- Bescheurkalender (de scheurkalender van Kees van Kooten en Wim de Bie).
- Hotel Altijd Wad (op Terschelling; er zal inderdaad wel altijd wat te doen zijn).
- Camping Wad Leuk! (camping in Westerland op het voormalige eiland Wieringen, uiteraard aan de Waddenzee. Met 'Wad' voor 'wat' is het lekker combineren. In Harlingen is een brasserie die 'Wad lekkers' heet, een chalet op Terschelling is genaamd 'Wad Mooi' en een Havenpaviljoen op Schiermonnikoog 'Wad Anderz' – het laatste is wel dubbel woordspelerig met 'anderz' voor 'anders', want inderdaad, 'anderz' spel je anders dan 'anders').
- C'est la Vlie (naam van een koffiezaak op Vlieland; zoals hierboven al bleek, lijken de Waddenzee en de Waddeneilanden extra gevoelig voor woordspelingen. Op Vlieland stond ook een kar waar (Vietnamese) loempia's werden verkocht, aangeprezen als 'Vlietnamese loempia's').
- Andy niet te Vermeijde (titel van een tv-programma met ex-voetballer Andy van der Meijde).
- Vamke Valsema (verbasterde naam van de Amsterdamse burge-

meester Femke Halsema op een bord van demonstranten tegen de coronamaatregelen).

- Formitable (naam van een bedrijf dat software levert aan restaurants).
- De vliegerende Hollander (boek over vliegeren).
- Nice to meat (naam van een vleesbedrijf).
- Bloed, zweet en snaren (tv-documentaire over het Concertgebouworkest).
- Helden; Magazine over bloed, zweet en trainen (maandblad over sporters).
- Bloed, zweet en baren (artikel over moeilijke geboortes; in deze sfeer valt er natuurlijk nog meer te bedenken, bijv. 'Bloed, zweet en balen' over iets wat na hard werken toch niet is gelukt. Bedenk uw eigen variant!).
- Geur bekennen (naam van een rapport over 'geurhinder'; de relatie met kleur bekennen is onduidelijk).
- Het leven is voortruffelijk (reclame voor een diner waarbij in vrijwel alle gerechten truffel is verwerkt).
- Duyvis – why nut? (behoeft geen toelichting; er zijn ook nogal wat winkels waar noten worden verkocht die 'De Nootzaak' heten).
- Leven als Gort in Frankrijk (titel van een boek van wijnbouwer Ilja Gort).
- Decksels! (titel van een boek van Daphne Deckers).
- Gedeelde Smart is veel voordeliger (in deze leus van het automerk lijkt de betekenis van de oorspronkelijke uitdrukking – gedeelde smart is halve smart – niet meer mee te spelen).
- Coketteren (niet 'samen iemand (ver-)ketteren', maar over iemand die zich laat voorstaan op zijn drugsgebruik).
- All you need is lof (reclame van Albert Heijn, voor witlof uiteraard).

- ZanDiego (naam van een strandpaviljoen in IJmuiden, maar wat heeft de Amerikaanse, niet echt aan het strand gelegen stad San Diego hiermee te maken?).
- Knipsalabim (weer een kapperszaak! Kapperszaken zijn goed vertegenwoordigd als het om woordspelingen gaat, bijvoorbeeld ook: 'Haaremetijd', 'Hairmony' en uiteraard het traditionele 'Hem en haar', dat in de tweede categorie thuishoort).
- De buurtzame bank (de regiobank zegt dat hun zelfstandige adviseurs in veel buurten actief zijn, zodat mensen 'buurtzaam' kunnen bankieren).

- Zoo-logisch (naam van een Utrechtse dierenwinkel, uiteraard gebaseerd op 'zoölogisch' – de naam was misschien passender geweest voor een dierentuin, een *zoo*).

Het vierde type

De laatstgenoemde woordspeling, *Zoo-logisch*, schurkt dicht aan tegen het vierde type, dat van de zogeheten porte-manteauwoorden. Daarin worden delen van twee woorden samengevoegd in een betekenis die betekeniselementen van beide woorden bevat, zoals *brunch* (*breakfast* en *lunch*), *glamping* (*glamour* en *camping*) en *vechtscheiding* (*vechten* en *echtscheiding*). *Porte-manteau* betekent in het Frans 'kapstok', maar het woordenboek vermeldt ook 'valies'. In het Engels staat *portmanteau* voor een 'koffer met twee compartimenten'. Daar zit dus de oorsprong. Het is daarom misschien niet verbazingwekkend dat het Engels veel van dit soort woorden heeft. *Brunch* en *glamping* zijn al genoemd, maar bekend zijn ook woorden als *adver-*

torial (van *advertisement* en *editorial*), *infotainment* (van *information* en *entertainment*) en *mansplaining* (van *man* en *explaining*, maar dat behoeft eigenlijk geen uitleg). En dan is er nog, om alles af te sluiten, de *Brexit*, het Britse vertrek uit de Europese Unie.

De voorbeelden laten al zien dat porte-manteauwoorden vaak bestaan uit het begin van het ene woord, bijvoorbeeld *br* van *breakfast*, en het laatste stuk van het tweede woord, *unch* van *lunch* en dat levert dan samen *brunch* op. Soms is het eerste of het tweede deel een heel woord, zoals *spooktaculaire deals* (over 'Halloweensale') of *Journaliziek*, kop boven een column van Youp van 't Hek over sensatiejournalistiek; doet trouwens denken aan het oudere *hoernalistiek* over journalisten die het ter wille van een sappig stukje niet zo nauw nemen met de waarheid als ze maar voor hun werk betaald worden.

Vooral voor dit type woordspelingen geldt dat ze lang niet altijd 'leuk' bedoeld zijn, bijvoorbeeld *brexit* of *romcom* ('romantische komedie'), die vooral zijn gecreëerd om een begrip kort te kunnen verwoorden.

Hier volgen nog wat voorbeelden van porte-manteauwoorden, waarvan enkele overigens ook bij het tweede type woordspeling ondergebracht zouden kunnen worden:

- Alphabed (naam van een beddenwinkel; hierbij is het niet goed te verklaren wat het begrip 'alphabet' met bedden te maken heeft; zou het vooral van reclame bekende 'Beter bed' ook aangeduid kunnen worden met 'Bètabed'? Of is Alphabed bedoeld als grappige verwijzing daarnaar?).
- Rottiedam (reclame voor 'de lekkerste roti van Rotterdam').

- Crehaartief (naam van een kapsalon en barbershop; dit is ook een 'creatieve' woordspeling – er zijn geen begin- en einddeel van twee woorden aan elkaar geplakt, maar één woord is als het ware opengebroken en het tweede woord is tussen de twee delen gezet).
- Dranquil (actie gericht op jongeren om het drankgebruik te beperken).
- Posi-tien (titel van een programma van cabaretière Tineke Schouten).
- Inspirimenten (experimentele lezingen van een trendwatcher die zouden moeten inspireren).
- Gaymer (homoseksueel die verslaafd is aan games).
- Showcolade (spelshow op tv waarin deelnemers erachter moeten komen welke objecten in de studio van chocola zijn gemaakt).
- Van Distopie (over een min of meer dystopisch 'klimaatboek' van Adriaan van Dis; met zo'n naam als Van Dis is er veel mogelijk, bijvoorbeeld naar aanleiding van zijn verzorgde taalgebruik: Van Distinctie).
- Coronomie (economie ten tijde van corona).
- *In corontaine* (titel van boek met columns van Youp van 't Hek).
- Coronanie (masturbatie in het coronatijdperk).
- Coronaatje (in: 'Die covid-19-maatregelen vind ik maar coronáátje').
- Vlie-trine (een blad dat op Vlieland verschijnt; weer Vlieland!).
- De BofHond (hondenuitlaatservice).
- Katnapolsky (kattenhotel).
- Haarakiri (het moedwillig verpesten van je kapsel door het zelf of door je partner te laten knippen en/of verven).
- Opiniedemie (de niet te stuiten en zich steeds meer verspreidende stroom van opinies, met name met betrekking tot corona).
- Fraudekul (kop boven een artikel over fraude in wetenschappelijk onderzoek).

- Altvioolaholic (over een zeer gedreven altviolist; vermoedelijk geïnspireerd door het al veel langer bestaande 'workaholic').
- Crime de la crime (naam van de reeks misdaadromans van de Arbeiderspers).
- Cliteratuur (naam voor de stroom van softpornoboeken voor vrouwen na het succes van *Vijftig tinten grijs*).
- Rock and rollator (boven een artikel over de beroemdste, maar ook bejaardste rockgroep van de wereld, de Rolling Stones).
- Rok en roll (boven een artikel over vrouwen in de popmuziek).
- Wat maak je menu? (naam van een culinair programma voor kinderen; hier zijn uiteraard twee woorden – 'me' en 'nu' – samengevoegd).

Vaak maken deze woordspelingen een gezochte indruk, waardoor ze eerder flauw dan leuk zijn, zoals *Crehaartief* en *inspirimenten*. Tenenkrommend is ook de woordspeling in de advertentietekst van de datingsite *Bilove*: 'Vrouw zoekt vrouw! Bi-schierig geworden? Kijk op... enzovoort'. Bi-schierig! En wat te denken van de volgende 'creatieve' vondst: 'Kokoro, the *heartvertising agency* is gespecialiseerd in creatieve ideeën waar je hart sneller van gaat kloppen.'

Het vijfde type

Soms wordt er gebruik gemaakt van typografie (spatiëring, kleur enzovoort) om een woordspelig effect te sorteren, bijvoorbeeld in een artikel met kop 'Stem wijzer', waarin uiteraard naar de 'stemwijzer' wordt gehint. In het artikel wordt het programma *Kiespijn* aangekondigd, dat gaat over de verkiezingen; het houdt niet op, weer een woordspeling. *De Mol's hoop* is de naam van een tv-programma waarin Johnny de Mol mensen helpt die in ernstige financiële problemen zijn geraakt. Het bedrijf City Box, dat opslagruimte biedt voor particulieren, hanteert als slogan 'op slag meer ruimte', ook hier zorgt de spatie voor de bedoelde woordspeling. Een webshop voor damestassen adverteert met 'fan-TAS-tische prijzen'. Op containers waarin mensen

overtollige kleding en schoeisel kunnen deponeren, staat: GEEF GOED DOOR. 'Geef' en 'door' staan in het zwart, 'goed' in het oranje, vermoedelijk om de tamelijk gezochte woordspeling te accentueren. Van een iets andere aard is 'Restaurant Smakelijk', waarin de *ij* wordt gevormd door een verticaal geplaatste vork en mes. Een enkele keer is er achtergrondkennis nodig om het woordspelig karakter van een naam te kunnen doorzien, bijvoorbeeld bij het Amsterdamse café 'P. King'. Is Peter King misschien de naam van de eigenaar? Nee, eerder was Chinees-Indonesisch restaurant 'Peking' in het betreffende pand gevestigd.

Sommige woordspelingen zijn niet onder te brengen in een van de vijf categorieën, bijvoorbeeld *Showiesjoo*, weer de titel van een programma van Tineke Schouten, waarin *sowieso* fonetisch wordt 'gemengd' met *show*. Leuker is de volgende reclameleus voor een kaaswinkel: 'Vindt u kaas gaaf, koop dan hier uw kaasschaaf.' In Terneuzen zijn op het Stadhuisplein de letters T, E en R geplaatst (ongeveer twee meter hoog) met daarnaast twee even hoge neuzen van kunststof.

Voor mezelf en vooral voor de thrillers die ik heb geschreven, bedacht ik 'Lees verstandig, lees een Appel', maar of dat zo'n geslaagde woordspeling is, waag ik te betwijfelen. Maar nu ik toch op de egotour ben: *Taalstukken*, de titel van dit boekje is ook bedoeld als woordspeling, behorend tot het eerste type. Stukken en stukjes over taalverschijnselen die je 'stukken van de taal' kunt noemen. Maar dat heeft de oplettende lezer natuurlijk al lang zelf bedacht.

‘We moeten met z’n allen proberen een virusuitbraak te bestrijden.’

Wie zijn we, al of niet met z’n allen?

Het is een eenvoudig woordje: *we* (of in de ‘sterke vorm’ *wij*), maar het kan verschillende betekenissen hebben. Om te beginnen kan het slaan op de spreker en de aangesprokene(n), zoals in ‘Zullen we naar de film gaan?’ of op de spreker en derden: ‘We (mijn vriendin en ik) gaan vanavond naar de film.’ Het eerste wordt wel het inclusieve *we* genoemd (inclusief aangesprokene) en het tweede – hoe kan het anders – het exclusieve *we* (exclusief aangesprokene). Niet alle talen hebben voor deze twee soorten *we* hetzelfde woord. In één van de oorspronkelijke Zuid-Amerikaanse talen, het Cuzco Quechua, is *ñuqanchis* het woord voor het inclusieve *we* en *ñuqayku* voor het exclusieve.

Het Nederlandse *we* heeft meer betekenissen. Zo kan het ook slaan op ‘je’ of ‘jullie’, vooral als de uiting paternalistisch bedoeld is. Volgens het cliché wordt het nogal eens gebruikt in de medische wereld: ‘En nu blijven we gewoon in bed liggen, meneer De Vries.’ Ook in het onderwijs komt het vaak uit de mond van de leerkracht: ‘We pakken nu allemaal ons rekenschrift.’ De vorm *wij* is verder bekend als de zogeheten ‘pluralis majestatis’: ‘Wij, Willem-Alexander, bij de Gratie Gods ... enzovoort.’ Dat kan nooit zijn ‘We, Willem-Alexander...’ Ten slotte wordt met *we* vaak verwezen naar 'men', zoals in 'We moeten ons wel realiseren dat er een einde komt aan de beschikbare natuurlijke brandstoffen'.

Dit laatste *we* wordt de laatste tijd steeds meer gebruikt. Ervaringen, ideeën of gedragingen van een aantal mensen of van bepaalde groepen worden gegeneraliseerd door het gebruik van *we*. Zie de volgende voorbeelden:

- Stemadvies van de sterren – waarom we daar niet meer naar luisteren.
- Komende zomer drinken we vermout.
- We maken elkaar wijs dat het opvoeden van kinderen altijd leuk en gezellig is, zoals in de Blue Band-reclame.
- Dankzij het world wide web en Apple managen we al onze relaties met de smartphone. (...) Online stalken, we doen het allemaal.

In veel gevallen denk ik: spreek voor jezelf. Ik heb nooit geluisterd naar het stemadvies van de sterren, slechts een kleine minderheid van de mensen drinkt 's zomers vermout, ik maak niemand wijs dat kinderen opvoeden altijd leuk en gezellig is, en aan online stalken bezondig ik me zeker niet. In een van haar *Volkskrant*-columns kapittelt Aaf Brandt Corstius *De Telegraaf* omdat die krant in haar koppen ten onrechte *wij* of *we* gebruikt, bijvoorbeeld in 'We zijn er klaar mee! Uitgekeken op pulp-tv'. Brandt Corstius schrijft dat het de vraag is wie er met *we* wordt bedoeld. 'Is het *De Telegraaf*-redactie, zijn het *De Telegraaf*-lezers, is het die onderbuik van Nederland waar je zoveel over hoort, is het heel Nederland?'

Overdrijving

Het generaliserend *we*-gebruik is op te vatten als een vorm van overdrijving, als een hyperbool. Maar voor veel schrijvers en sprekers is dit niet genoeg. Ze willen nog sterker het voor iedereen geldende van hun uitspraken benadrukken en voegen er daarom *met z'n allen*, *allemaal* of *elkaar* aan toe. Enkele voorbeelden:

- We worden steeds ouder met z'n allen.
- De mate waarin een medische aandoening moet meewegen in de beoordeling van een euthanasieverzoek is toch een vraag voor de wetgever. Daar vinden we toch met z'n allen wat van?
- In Nederland is een wanorde ontstaan die we met z'n allen hebben aangericht.
- We hebben met z'n allen bedacht dat mensen langer thuis moeten blijven wonen.
- Op het moment dat u dit leest, hebben we allemaal een roerige nacht achter de rug.

Dit laatste citaat komt uit een column van Aaf Brandt Corstius, die – ondanks haar terechte kritiek op het *we*-gebruik van *De Telegraaf* – zelf niet terugschrikt voor het sterk generaliserende *we allemaal*, zoals ook in: 'We hebben allemaal een Blake Fielder-Civil in ons leven gehad, zo'n man die je per se aan de crack helpt...' (Het gaat hier om de man die het drugsgebruik van de tragisch overleden zangeres Amy Winehouse sterk stimuleerde.) Een woord als *iedereen* heeft in veel gevallen dezelfde functie, zoals in: 'Te gast is singer-songwriter Maaike Ouboter, die twee jaar geleden iedereen aan het huilen kreeg met "*Dat ik je mis*".' In kranten wordt *iedereen* ook veel gebruikt: 'Hoe onze stranden langzaam verstoffen, daar waar eerst iedereen topless was' en 'Iedereen teelt nu zijn eigen kool in zijn eigen tuintje.' Voor welke mensen gaat dit op? Hoeveel mensen hebben een tuintje waarin ze hun eigen kool telen?

De 'samen-cultuur'

De coronacrisis was mogelijk een belangrijke stimulans: Alleen samen krijgen we corona onder controle. Het was overal in veelvoud te lezen, zoals op het decor achter premier Rutte en minister De Jonge tijdens de 'coronapersconferenties' (die overigens zo vaak werden gehouden dat er behoefte ontstond aan een afkorting, dus 'persco's' of zelfs 'PC's'). Maar misschien was het wel de tijdgeest in algemene zin, een reactie op doorgeschoten individualisme. Hoe het ook zij, het gebruik van onder andere 'we/wij met z'n allen' en varianten daarop, zoals 'we als samenleving', lijkt sterk te zijn toegenomen. Als ze een maatregel of wet moeten verdedigen, mogen politici ook graag beginnen met 'We hebben nu eenmaal met z'n allen afgesproken dat...', terwijl het meestal gaat om een wet of maatregel die dan in de Tweede Kamer met een nipte meerderheid is aangenomen. Hoezo met z'n allen afgesproken? Nog een kleine bloemlezing van dit soort frases:

- We hebben hier met z'n allen keihard voor geknokt.
- Het was wel comfortabel, concludeerden we met z'n allen. Niemand hoefde meer in de file.

- Voor wie zich te veel op social media begeeft (wij allen), lijkt Nederland zich deze dagen op het randje van een burgeroorlog te begeven.
- We zijn massaal in de ban van serieverkrachter Jeffrey Epstein en zijn hulpje, Ghislaine Maxwell, maar verdienen deze misdadigers onze aandacht wel?
- Een derde golf kunnen we ons allemaal niet veroorloven natuurlijk.

- Wanneer de beveiligers van Baudet geweld plegen, halen we collectief de schouders op.
- Waarom drinken we nu en masse blauwe wijn op de terrasjes?
- De Nederlandse Spoorwegen zijn efficiënt, punctueel per euro en dat is een bewuste keuze. Dan moeten we als samenleving accepteren dat bij een sneeuwstorm het systeem drie dagen plat gaat.
- We moeten als maatschappij samen nadenken over de logica van de media (dus niet alleen 'we' en 'samen', maar ook nog 'als maatschappij').
- Daarnaast moeten we er samen voor zorgen dat mensen zich sneller laten testen (maar die 'mensen' horen toch ook bij de 'we'?).
- We gaan door een ongekende crisis met elkaar.

De laatste twee citaten heb ik opgetekend uit de mond van minister Hugo de Jonge, die hoge ogen gooit in het kampioenschap *we*-zeggen. Daarom ten slotte nog twee pareltjes van hem:

- Vaccinatie is niet verplicht, vaccinatie is vrijwillig en dat blijft ook zo. Maar u zult ons wel alle dagen van de week horen vertellen hoe belangrijk het is dat we ons met elkaar vaccineren. (Ons met elkaar vaccineren? Ik zie het nog niet gebeuren.)

- En al was het maar dat mensen in de zorg nog aan het bekomen zijn van dat harde zwoegen van de afgelopen maanden en al was het maar omdat de medewerkers de afgelopen maanden in crisisstand staan, wat ze graag doen (sic!), maar niet als we hen laten dweilen terwijl we zelf met elkaar de kraan open laten staan.

Als we zelf met elkaar de kraan open hebben laten staan, moeten we ons dus ook met elkaar laten vaccineren. Zoveel is wel duidelijk. Voor mij, voor iedereen, voor ons allemaal. Samen. Collectief. Massaal. Als samenleving. Met z'n allen.

Verantwoording

Ik ben Kees van der Zwan (*Onze Taal*) en Paul Arnoldusse (*Argus*) erkentelijk voor hun commentaar op eerdere versies van enkele stukken in dit boek. Ik wil ook graag de redactie van het radioprogramma *De Taalstaat* (met name Frits Spits en Lennart van Dijk) bedanken voor de gelegenheid die ze me hebben geboden om me verder te verdiepen in het gesproken Nederlands en voor de wijze waarop ze me daarbij hebben geïnspireerd. Maar mijn dank gaat vooral uit naar Anne Coos Vuurmans, zonder wier steun, aanmoedigingen en opbouwende kritiek ik deze taalstukken nooit had kunnen schrijven. Dit boek is daarom opgedragen aan haar nagedachtenis.

De volgende stukken verschenen met een andere titel en deels andere inhoud in het blad *Onze Taal*:

'Oh, mijn God, dat is echt superchill.' – *De taal van vlogsters*

'Vuile leugenaar!' 'Jíj ben een vuile leugenaar!' – *Ruzies voor* De Rijdende Rechter

'Frank en vrij, want we hadden beiden kind noch kraai, begonnen we bepakt en bezakt aan onze tocht.' – *Dubbel en dwars*

'Gordon sober op Ibiza?!' – *De taal van 'de bladen'*

'Badr Hari terug in de ring en een strengere wapenwet in de VS.' – *Verbinden*

‘Verbindend en inspirerend.’ – *De taal van personeelsadvertenties*

‘Het pathos klotste tegen de randen van het scherm.’ – *Over klotsen*

‘Van supergezellig via ladderzat naar foeilekker.’ – *Superwoorden: versterkende voorvoegsels*

‘Kitbedrijf AreYouKittingMe’ – *Woordspelingen*

De volgende stukken verschenen in verkorte vorm onder een

andere titel in het blad *Argus*:

‘En nu opzouten! Marjon wees haar man de deur.’ – *Opzouten, opsodemieteren enzovoort*

‘Met de kids is alles kits.’ – *Nederengels*

‘Ik heb verwachtingen die mijn vraag naar jou toe bepalen.’ – *Voorzetselveranderingen*

‘Nog een ogenblik geduld alstublieft.’ – *Ogenblikken en momenten*

‘Dus ik dacht van volgens mij gaat het gewoon goed.’ – *Wat er kan met* van

‘De markt voor huisdierenbloed is geëxplodeerd.’ – *Ontploffen, exploderen en imploderen*

‘De witlofreepjes lekker bij het rode uitje.’ – *Kooktaal op tv*

‘Leerlingen voelden vaak goed thuis in het Engels.’ – *Het wederkerend voornaamwoord*

‘Gaan we naar de Oliebollerie of naar de Snacktaria?’ – *Productieve achtervoegsels*

‘Studenten onderzoeken “kleur” vanuit verschillende perspectieven en betekenissen.’ – *Geheimtaal in en over kunst*

‘Nou ja, kijk, gewoon Nederlands zeg maar.’ – *Nederlandse spreektaal van nu.* Dit stuk werd eerder in verkorte vorm gepubliceerd in *HP/De Tijd*.

‘Met die interne coaching moeten we wel proactief acteren richting de medewerkers.’ – *Nederlands op de zaak.* Dit stuk werd eerder opgenomen in de bundel *Wat we missen kunnen; een manifest tegen de overdaad.*